Philipp Hofmann

Steuermoral

Eine wirtschaftspsychologische Analyse

Diplomica® Verlag GmbH

Hofmann, Philipp: Steuermoral. Eine wirtschaftspsychologische Analyse, Hamburg, Diplomica Verlag GmbH 2010

ISBN: 978-3-8366-8527-6
Druck Diplomica® Verlag GmbH, Hamburg, 2010

Bibliografische Information der Deutschen Nationalbibliothek
Die Deutsche Nationalbibliothek verzeichnet diese Publikation in der Deutschen Nationalbibliografie; detaillierte bibliografische Daten sind im Internet über http://dnb.d-nb.de abrufbar.

Die digitale Ausgabe (eBook-Ausgabe) dieses Titels trägt die ISBN 978-3-8366-3527-1 und kann über den Handel oder den Verlag bezogen werden.

Inhaltsverzeichnis

Abbildungsverzeichnis

Abkürzungsverzeichnis

BIP	Bruttoinlandsprodukt
BMF	Bundesministerium der Finanzen
FORES	Forschungsstelle für empirische Sozialökonomik e.V.
GE	Geldeinheiten
IAW	Institut für Angewandte Wirtschaftsforschung e.V.
OECD	Organization for Economic Cooperation and Development
WVS	World Value Survey

1. Einleitung

Im Jahre 2008 trifft die „Liechtensteiner Steueraffäre" auf eine erhöhte öffentliche Aufmerksamkeit. Der ehemalige Vorstandsvorsitzende der Deutschen Post AG *Klaus Zumwinkel* gilt seitdem als Symbolfigur für mehrere hunderte deutsche Steuersünder, die auf illegale Weise versucht haben, steuerpflichtiges Vermögen am deutschen Fiskus vorbei in das Fürstentum Liechtenstein zu schleusen. Von Seiten der Medien, der Politiker oder in der breiten Öffentlichkeit ist in solchen Zeiten oft von einer schlechten Steuermoral die Rede. Während Aussagen über die Situation der Steuermoral getroffen werden, treten grundsätzliche Fragen in den Hintergrund: Was stellt überhaupt Steuermoral dar und wodurch wird sie bestimmt? Diese wesentlichen Fragen geben einen Grundgedanken dieser Arbeit wieder.

Angesichts der öffentlichen Diskussion über Steuerhinterziehung besteht Anlass, das dahinterstehende Verhalten der Individuen verstehen zu wollen. In der Realität lässt sich jedoch das Verhalten von Steuersündern nur schwer beobachten. Die Wissenschaft beschäftigt sich daher mit der allgemeineren Frage, wie es um die Einstellung der Steuerzahler gegenüber der gesetzlichen Verpflichtung, Steuern zu zahlen, steht. Die in der Ökonomie unterstellte Rationalität würde zu einer weitaus größeren Steuerhinterziehung führen, als es der Realität entspricht. Der Ansatz des rationalen Handelns reicht daher nicht aus, das Verhalten der Individuen im Zusammenhang mit der Besteuerung befriedigend zu klären. Diese Erklärungslücke wird in der Wissenschaft als „Steuerzahlerrätsel" bezeichnet. Mithilfe der verhältnismäßig jungen Disziplin der Wirtschaftspsychologie werden psychologische Erkenntnisse auf das Verhalten von Individuen in einem ökonomischen Umfeld übertragen. Die wirtschaftspsychologische Betrachtung in dieser Untersuchung erlaubt es, insbesondere auf die subjektive Perspektive des Steuerzahlers einzugehen. Individuelle und gesellschaftliche Aspekte der Steuermoral können unterschiedlich ausgeprägt sein. Aufgrund dessen ergibt sich eine interessante Ursachenanalyse der Steuermoral im Schnittfeld zweier verschiedener Disziplinen der Wissenschaft.

Im Besonderen wird ein Bezug zum deutschen Steuersystem an verschiedenen Stellen der Studie hergestellt. Jedoch soll das Phänomen der Steuermoral in

Teilen eine internationale Würdigung erfahren, um die unterschiedlichen Ausprägungen in einem breiten Kontext verstehen zu können.

Das Ziel des Autors ist es in der vorliegenden Untersuchung die folgenden Fragestellungen zu bearbeiten:

- Wie wird das Verhalten der Steuerzahler aus ökonomischer und psychologischer Perspektive erklärt und welche Konsequenzen ergeben sich aus dieser Erklärung?
- In welcher Weise spielen individuelle und gesellschaftliche Moralvorstellungen in den Rahmen der Besteuerung mit ein? Wie sind sie zu gewichten und worin liegt die Problematik?
- Wie hat sich die Steuermoralforschung entwickelt und welchen Stand weist sie auf?
- Welche Bedingungen fließen in eine positive oder negative Steuermoral ein und welche ökonomischen Erkenntnisse lassen sich daraus ableiten?

Die vorliegende Ausarbeitung umfasst mit Einleitung und Schlussbemerkungen fünf Kapitel. Im Hinblick auf die dargestellte Zielsetzung liegen dieser Studie folgende Vorgehensweise und Methodik zugrunde:

Es soll in Kapitel 2 das Verhalten der Steuerpflichtigen in einem Spannungsfeld zwischen Steuerhinterziehung und Steuerehrlichkeit aufgezeigt und analysiert werden. Anhand ökonomischer und psychologischer Theorien werden der Entscheidungsprozess im Rahmen der Besteuerung kritisch nachvollzogen und die Grenzen der Theorie dargelegt. Das 2. Kapitel verdeutlicht so, warum die Steuermoral in Bezug auf den Entscheidungsprozess zu berücksichtigen ist.

In Kapitel 3 beginnt die fundierte analytische Betrachtung der bisherigen Steuermoralforschung. Daraus folgen Möglichkeiten des Verständnisses von „Steuermoral", Antworten auf den Grad ihrer Verbreitung sowie weitere im Zusammenhang ihrer Behandlung auftretende Problematiken.

Kapitel 4 stellt die im Kapitel 3 gewonnenen Aspekte der Steuermoral aufgegliedert in ihre Einflussfaktoren dar. Gestützt auf empirische Ergebnisse und theoretische Hypothesen werden die ökonomischen und psychologischen Bedingungen der Steuermoral analysiert. Wirtschaftspolitische Anstöße werden einbezogen, um zu zeigen, wie die Einflussfaktoren zu einer positiven oder negativen Steuermoral beitragen.

2. Reaktionen auf Steuern

Eingangs soll die Frage geklärt werden, welche Akteure im Rahmen der Besteuerung agieren, was Steuern grundlegend darstellen und welche Zwecke der Staat mit ihnen verfolgt. Vereinfachend für dieses Buch werden zwei Akteure typisiert, gleichwohl lassen sich diese Akteure in weitere Subgruppen gliedern. Diese werden im Einzelnen nicht gesondert thematisiert.

Weiterhin soll in diesem Kapitel die Bedeutung der Steuermoral aufgezeigt werden, indem das Verhalten aufgrund der Entscheidung der Steuerpflichtigen erläutert wird. Basierend auf dem Forschungsbericht des *Instituts für Angewandte Wirtschaftsforschung e.V.* (IAW) von *Körner* und *Strotmann* soll die Steuermoral zunächst als „das Spannungsfeld von Freiwilligkeit der Steuerzahlung und Regelverstoß durch Steuerhinterziehung"[1] verstanden werden. Der Schwerpunkt in diesem Kapitel liegt vor allem auf den Reaktionen der Steuerpflichtigen und den daraus resultierenden Entscheidungen. Ausgewählte interdisziplinäre Theorien zu dem Verhalten der Steuerpflichtigen werden kurz erläutert und in Zusammenhang mit der Steuerzahlung gebracht. Am Ende des Kapitels stellt das Steuerzahlerrätsel den Brückenschlag zur weiteren Analyse der Steuermoral dar.

2.1 Ausgangspunkt: Akteure und Steuerzwecke

Der Rahmen der Besteuerung umfasst grundlegend zwei Akteure. Auf der einen Seite stehen die Steuerpflichtigen, sogenannte Zensiten. Dem gegenüber steht der Staat als Steuergläubiger. Dieser ist berechtigt, die Steuer zu erheben und zu vereinnahmen. Die beiden Akteure stehen durch das Steuerrechtsverhältnis in einer wechselseitigen Beziehung von Rechten und Pflichten zueinander. Der legislativ handelnde Staat gibt durch gesetzliche Normen den Aktionsrahmen der Steuerpflichtigen vor. Die Exekutive, in Form der Finanzverwaltung, vereinnahmt die Steuergelder und die Judikative übt die Kontrolle über die Einhaltung der staatlichen Normen aus. Die steuerpflichtigen Zahler sind die natürlichen und juristischen Personen des Privatrechts[2].

---

[1] Dem Titel der Veröffentlichung von *Körner/Strotmann* (2006) entnommen.
[2] Vgl. *Homburg* (2007), S. 9 f.

Die Rechtfertigung der Steuer beruht auf dem Leistungsfähigkeitsprinzip, das weltweit in vielen Verfassungen festgeschrieben ist oder als Vergleichsmaßstab herangezogen wird. In Deutschland ist die Anknüpfung an dieses Prinzip im Art. 3 Grundgesetz geboten[3]. Die Steuerpflichtigen sind verpflichtet, dem Fiskus eine monetäre Leistung entsprechend ihrer individuellen Leistungsfähigkeit ohne Anspruch auf eine äquivalente Gegenleistung zu entrichten[4]. Das Einhalten dieser Pflicht führte in Deutschland, nach Angaben des *Bundesministeriums der Finanzen* (BMF), im Jahre 2008 zu Steuereinnahmen von insgesamt 561,1 Mrd. EUR[5] und ist damit die wichtigste Einnahmequelle des Staatshaushaltes. Mit diesen Einnahmen werden öffentliche Güter und Leistungen finanziert, die einer großen Anzahl oder vielmehr allen Staatsbürgern zugutekommen.

Von der Besteuerung gehen zahlreiche Impulse auf die subjektive Empfindung und das Verhalten der Besteuerten aus. Bestimmte Steuern können leistungssteigernd oder leistungshemmend wirken. Unterschiedliche Wirkungen sind vom Gesetzgeber beabsichtigt. Makroökonomisch kann die Steuer eine Ressourcenumverteilung innerhalb der Gesellschaft bewirken und bezwecken.

Neben dem fiskalischen Hauptzweck der Einnahmeerzielung sollen mit der Steuererhebung auch bestimmte Verhaltensweisen gelenkt werden. Der Staat kann unterschiedliche politische Ziele (z.B. solche wirtschafts-, sozial-, gesundheits- und umweltpolitischer Natur) verfolgen, indem er monetäre Voroder Nachteile für das Verhalten der Steuerpflichtigen schafft. Dadurch wird z.B. versucht, gesundheitsschädlichen Konsum (Alkohol, Tabak usw.) oder umweltschädliche Verhaltensweisen (Mineralöl-, Energiekonsum usw.) zu lenken. Auf der makroökonomischen Ebene kann der Staat eine bewusste umverteilende Steuerwirkung, in Form einer Einkommens- und Vermögensverteilung beabsichtigen. Diese Einkommens- und Vermögensnivellierung geschieht durch unterschiedliche Steuerbelastungen[6].

Zunächst gilt es zu klären, wie die Besteuerung mit den verschiedenen Zwecken auf die Steuerpflichtigen wirkt. Das Verhalten als Folge der Besteuerung

---

[3] Vgl. *Tipke/Lang* (2008), S. 88.
[4] Zur Legaldefinition der Steuer in Deutschland siehe § 3 Abgabenordnung.
[5] *Bundesministerium der Finanzen* (2009).
[6] Vgl. *Homburg* (2007), S. 5 f.

soll zunächst in der ökonomischen und psychologischen Analyse beschrieben werden.

Aus psychologischer Perspektive stellt das Zahlen von Steuern, ganz allgemein, für den Steuerpflichtigen einen Strafreiz dar. Zumal der Steuerzahlung keine äquivalente Gegenleistung gegenübersteht, wird sie deshalb vermehrt als einseitiges „Opfer" empfunden. Das Individuum scheint keinen Einfluss auf die Verwendung der Steuergelder zu haben. Der Zwangscharakter der Steuer, die Anonymität des Staates und weitere Faktoren können dieses Belastungsgefühl intensivieren[7].

Bei der Steuerinzidenzanalyse betrachtet die ökonomische Steuerwirkungslehre vor allem die Überwälzungsvorgänge und die Wohlfahrtsverluste von objektiven Steuerlasten[8]. Um jedoch auch die psychologische Perspektive zu berücksichtigen, soll hier besonders das Verhalten des Individuums in den Blick genommen werden. Der Steuergläubiger kann, wie bereits erläutert, zweckdienliche Reaktionen beeinflussen. Allerdings fallen die Reaktionen der Individuen sehr unterschiedlich aus.

Als Beispiel für die Reaktion auf die monetäre Belastung bietet sich die mikroökonomische Betrachtung des Arbeitsverhaltens der Individuen im Zuge der Besteuerung an. Aufgrund der direkten Besteuerung wird das verfügbare Einkommen der Steuerpflichtigen vermindert. Dies kann einen Anreiz bewirken, durch gesteigerte Leistung in Form von Arbeit das reduzierte Einkommen zu kompensieren. Jedoch kann die Besteuerung auch blockierend wirken und die Steuerpflichtigen verharren in Frustration und Resignation[9]. Demnach kann dies zu einer verminderten Arbeitsleistung führen, da der Steuerpflichtige das Gefühl der ungerechten Entlohnung seiner Arbeit hat.

Werden die sogenannten Lenkungssteuern in Augenschein genommen, weisen diese psychologische Nebenwirkungen auf. Die Individuen können, neben den gewollten Vermeidungsstrategien, auch auf legale oder illegale Verhaltensmuster ausweichen[10]. Ökonomisch hängt der Erfolg dieser lenkenden Maßnahmen von der Preiselastizität der Nachfrager ab. Je stärker diese Preiselastizität

---

[7] Vgl. *Wiswede* (1995), S. 159.
[8] Zur ökonomischen Analyse der Steuerwirkungslehre vgl. besonders *Reding/Müller* (1999), S. 131 ff.; *Homburg* (2007), S. 89 ff.
[9] Vgl. *Kirchler/Maciejovsky* (2007), S. 204 f.
[10] Vgl. *Wiswede* (1995), S. 162.

bei den Nachfragern ausgeprägt ist, desto stärker fällt die Verhaltensreaktion aus und umgekehrt. Das heißt der beabsichtigte Lenkungseffekt tritt ein, wenn die Preiselastizität hoch ist. So ist der Lenkungseffekt bei niedriger Preiselastizität gering oder zeitlich beschränkt[11]. Im höchsten Grad anschaulich wird dies bei Drogen- oder Genussmittelabhängigen. Diese weisen in der Regel eine geringe bis keine Preiselastizität auf. Alleine die Befriedigung der Sucht spielt eine Rolle, gleichgültig zu welchem Preis. Der verhaltenslenkende Effekt würde ausbleiben.

Der Umverteilungszweck der Steuer wird kritisch bewertet. Denn aus der Einkommens- und Vermögensnivellierung kann nicht ohne weiteres geschlussfolgert werden, dass eine absolute „Gleichverteilung normativ auch als die gerechteste interpretiert werden darf."[12] Insbesondere das Gerechtigkeitsempfinden der Steuerpflichtigen wirkt sich auf das Verhalten aus, z.B. nach welchem Erhebungsprinzip die Steuerbelastung durchgeführt werden soll. Die normative Steuergerechtigkeit steht der faktischen gegenüber. Ein objektives Gerechtigkeitsempfinden ist nur schwer mit der subjektiven Empfindung über Gerechtigkeit in Einklang zu bringen. Individuen treten den Steuern und Abgaben ablehnend mit negativen Vorbehalten gegenüber, da sie keinen bzw. nur einen geringen Ausgleich für ihre Leistung wahrnehmen[13].

Bislang wurden die Akteure der Besteuerung und die verschiedenen Steuerzwecke sowie die aus der ökonomischen und psychologischen Wahrnehmung der Besteuerung resultierenden Reaktionen der Zensiten dargestellt. Welche Verhaltensreaktionen aber sind dies im engeren Sinne? Die Wissenschaft auf Seiten der Psychologie und Ökonomie beschäftigen vor allem die illegalen Reaktionen; wie diese zu erklären sind und wie gegen sie vorgegangen werden kann. Kurz: Warum werden Steuern ehrlich gezahlt oder wird Steuerwiderstand, in legaler oder illegaler Form, geleistet? Insbesondere das Ausweichen in Form illegaler Reaktionen ist in der Realität immer wieder festzustellen. Aus diesem Grund wird im Folgenden genauer auf die Steuerhinterziehungsproblematik eingegangen.

---

[11] Vgl. *Pelzmann* (2000), S. 79 f.
[12] *Reding/Müller* (1999), S. 110.
[13] Vgl. *Kirchler* (1995), S. 285 f.

2.2 Verhaltensreaktionen der Zensiten

Zwar scheint der größte Teil der Gesellschaft der steuerlichen Pflicht redlich nachzukommen, jedoch führen nicht alle Steuerpflichtigen ihre Steuern ordnungsgemäß an den Fiskus ab. Der Staat strebt stets eine möglichst große Anzahl redlicher Steuerzahler an. Allerdings wird nicht jede Art der Besteuerung von der Bevölkerung akzeptiert. Es kann zu Steuerwiderständen kommen. Das Steuerzahlerverhalten unterscheidet sich in verschiedene Aspekte, sowohl auf der Seite der redlichen Steuerzahler als auch bei dem Steuerwiderstandsverhalten. Die Aspekte des Steuerzahlerverhaltens werden zeigen, in welcher Form Verhaltensreaktionen erfolgen können. Näher soll das Ausmaß des illegalen Widerstandsverhaltens beleuchtet werden, um ansatzweise einen Überblick zu erhalten.

2.2.1 Aspekte des Steuerzahlerverhaltens

Das Steuerzahlerverhalten soll in diesem Buch in verschiedenartige Aspekte untergliedert werden, um aufzuzeigen, welche Verhaltensreaktionen unterschieden werden können. In Abbildung 1 sind die verschiedenen Aspekte des Steuerzahlerverhaltens in einem Organigramm dargestellt. In diesem sind weitere oder andere Untergliederungen möglich.

Abbildung 1: Aspekte des Steuerzahlerverhaltens

Quelle: Eigene Darstellung

Die sogenannte Tax-Compliance bedeutet die Steuererfüllung gegenüber dem Staat[14]. Obwohl Steuerehrlichkeit und Tax-Compliance in der Literatur oftmals synonym verwendet werden, soll im Laufe dieser Studie verdeutlicht werden, dass es verschiedene Formen der Steuererfüllung gibt[15]. Die Tax-Compliance kann aus verschiedenen Motiven realisiert werden. Die resignierende Steuererfüllung stellt die Widerstandskapitulation gegenüber dem Fiskus dar. Die Steuerpflichtigen zahlen widerwillig und beschweren sich über die Besteuerung, jedoch erfüllen sie ihre Steuerpflicht aus Resignation. Eng damit verbunden kann die erzwungene Steuerehrlichkeit sein. Sie erfolgt angesichts der Abschreckung durch Kontrollen und Strafen bei Nichterfüllung. Die Steuerzahler werden gezwungen ihrer steuerlichen Pflicht nachzukommen. Eine essenzielle Form hinsichtlich der Tax-Compliance vermag die freiwillige Steuerehrlichkeit zu sein. Darunter soll nach *Schöbel* das bewusste Beitragen der beteiligten Akteure zur Bereitstellung von öffentlichen Gütern verstanden werden. Dabei stellt die freiwillige Steuerehrlichkeit selber ein öffentliches Gut dar, von dem sich kein Steuerpflichtiger ausschließen kann[16].

Versucht der Steuerpflichtige sich seiner Pflicht zu entziehen oder die Steuer zu reduzieren, leistet er Steuerwiderstand. Diese Tax-Non-Compliance unter- gliedert sich in verschiedene Varianten. In den meisten Ländern besteht ein deutlicher Unterschied zwischen legalen und illegalen Steuerwiderständen. Während Steuerhinterziehung grundsätzlich einen Verstoß gegen geltendes Recht darstellt, zielt die Steuervermeidung auf legale Formen der optimalen Steuerreduktion, also im Rahmen des Gesetzes, ab[17]. Die Steuerflucht kann als eine Mischform auftreten. Wenn z.B. steuerpflichtiges Kapital in Niedrigsteuer- länder, sogenannte Steueroasen, verschoben wird, um der Besteuerung im Wohnsitzstaat zu entgehen, so ist diese illegal und folglich eine Form der Steu- erhinterziehung. Findet stattdessen eine räumliche Substitution durch einen Standortwechsel der Unternehmung statt, ist es eine legale Form[18].

Aus makroökonomischer Perspektive ist den verschiedenen Varianten des Steuerwiderstandes eins gemein, sie führen zu einer Reduzierung des Gesamt- steueraufkommens und damit des Staatshaushaltes.

---

[14] Vgl. *Kirchler* (2007), S. 21 f.
[15] Zu verschiedenen Aspekten der Tax-Compliance vgl. *McBarnet* (2001), S. 6.
[16] Vgl. *Schöbel* (2008), S. 25 ff.
[17] Vgl. *Kirchler* (2007), S. 22.
[18] Vgl. *Blankart* (2008a), S. 219 f.

2.2.2 Ausmaß der Schattenwirtschaft als Teil der Steuerhinterziehung

Der Frage nachzugehen, wie hoch der volkswirtschaftliche Schaden durch die Steuerhinterziehung ist, scheint aus naheliegenden Gründen ein schwieriges Unterfangen[19]. Die Ergebnisse der deutschen Steuerfahndung ergaben für 2007 eine nachgewiesene Steuerhinterziehung in Höhe von 1,6 Mrd. EUR[20]. Die Aussagekraft solcher Zahlen ist jedoch kritisch zu beurteilen, da nicht der gesamte Umfang der Steuerhinterziehung, sondern nur die aufgeklärten Fälle durch die Steuerfahndung erfasst werden[21].

Viele Studien schätzen das Ausmaß der tatsächlichen Steuerhinterziehung unterschiedlich ein. Deshalb wird an dieser Stelle die Schattenwirtschaft[22], deren Erfassung viel Aufmerksamkeit zukommt, herangezogen. Der Umfang der Schattenwirtschaft kann als ein Indikator für das Ausmaß der Steuerhinterziehung betrachtet werden, da die illegale Form der Schattenwirtschaft immer eine Hinterziehung von Steuern und Abgaben impliziert[23]. Mit der Steuerhinterziehung dagegen müssen nicht sogleich schattenwirtschaftliche Aktivitäten einhergehen[24].

---

[19] Vgl. *Schneider/Torgler/Schaltegger* (2008), S. 21.
[20] *Bundesministerium der Finanzen* (2008), S. 62.
[21] Vgl. *Schöbel* (2008), S. 54.
[22] Unter Schattenwirtschaft soll die illegale Beschäftigung und Produktion außerhalb der volkswirtschaftlichen Gesamtrechnung verstanden werden. Formen wie Nachbarschaftshilfe oder im Haushalt produzierte Waren und Dienstleistungen, die nicht auf einem Markt gehandelt werden, fallen hier nicht unter den verwendeten Begriff der Schattenwirtschaft. Vgl. *Schneider/Torgler/Schaltegger* (2008), S. 17 f.
[23] Vgl. *Schneider/Torgler/Schaltegger* (2008), S. 16.
[24] Vgl. *Bizer/Lange* (2004), S. 9.

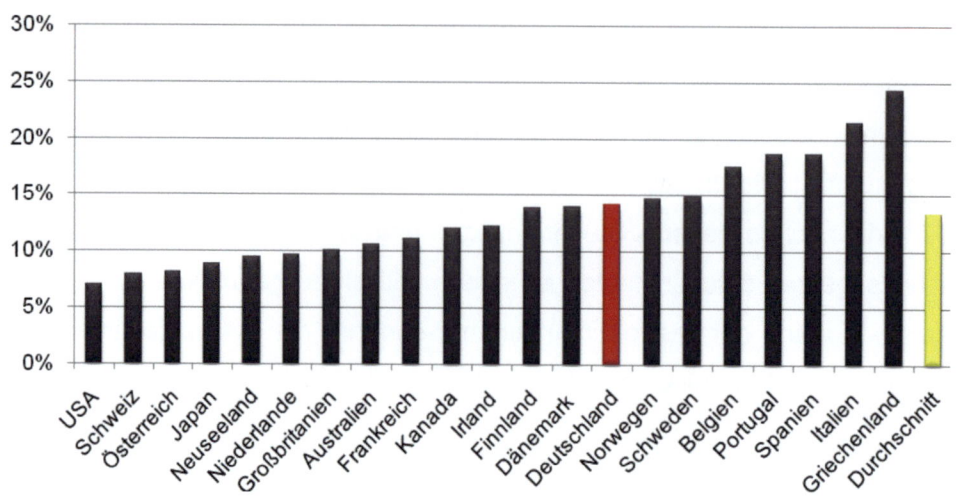

Abbildung 2: Ausmaß der Schattenwirtschaft 2008 in Prozent des BIP[25]

Quelle: *Schneider/Torgler/Schaltegger* (2008), S. 32.

Abbildung 2 zeigt einen Ländervergleich der *Organization for Economic Cooperation and Development* (OECD) und den prozentualen Anteil der Schattenwirtschaft am *Bruttoinlandsprodukt* (BIP). Im Jahr 2008 wurde die Schattenwirtschaft für Deutschland auf 14,2 % des BIP geschätzt, das entspricht 346,8 Mrd. EUR[26]. Somit nimmt Deutschland bei einem Durchschnitt von 13,3 % einen mittleren Platz im OECD-Vergleich ein.

Der Steuerhinterziehung unterliegt jedoch nur der Teil der Steuer, der auf die Schattenaktivitäten hätte gezahlt werden sollen. Des Weiteren müssen noch andere Indikatoren herangezogen werden, um die tatsächliche Steuerhinterziehung zu erfassen. Außerhalb des berechneten BIP fließen z.B. das im Ausland auf Schwarzkonten gebundene Kapital und unvollständige Deklarationen in die Höhe der Steuerhinterziehung mit ein[27].

Die Schattenwirtschaft als Indikator für die Steuerhinterziehung zu betrachten, wird als kritisch erachtet; dies gilt insbesondere für die Abgrenzung des Begriffs, die damit zusammenhängenden Tatbestände der Schattenwirtschaft und darüber hinaus die Wahl der Schätzmethoden, mit ihren Schwächen[28]. Das

---

[25] Die Daten beruhen auf Schätzverfahren des Bargeldansatzes in Verbindung mit der DYMIMIC-Methode. Für eine ausführliche Darstellung der Schätzmethoden siehe *Schneider/Torgler/Schaltegger* (2008), S. 31 und 88 ff.

[26] Vgl. *Schneider/Torgler/Schaltegger* (2008), S. 36.

[27] Vgl. *Blankart* (2008b), S. 65.

[28] Vgl. *Frey/Pommerehne* (1982), S. 19.

Statistische Bundesamt in Deutschland betont ebenfalls den problematischen Interpretationsgehalt der Schätzungen über die Schattenwirtschaft[29].

Dennoch lässt sich an dieser Stelle festhalten, dass die Steuerhinterziehung ein qualitatives Problem darstellt, das der Erforschung bedarf. Besteht für den Steuerpflichtigen ein Konflikt, der durch monetäre Anreize bestimmt ist? Es besteht ein Interesse an der Aufklärung darüber, wie die individuelle Entscheidung zu dem kollektiven Schaden durch Steuerhinterziehung im Verhältnis steht und welche Antworten die Ökonomie und die Psychologie liefern.

2.3 Soziales Dilemma: Entscheidungskonflikt der Steuerpflichtigen

Nicht jeder Steuerzahler erfüllt seine Pflicht gegenüber dem Staat. Eine unbestimmte Anzahl entscheidet sich bewusst dagegen und weicht auf die illegale Nichterfüllung - die Steuerhinterziehung - aus, obwohl sie sich einer Kontrolle und bei Entdeckung der daraus folgenden Strafe bewusst sind. Steht das Individuum vor einem Entscheidungskonflikt und gibt es rationale Erklärungen für das Verhalten? Wie stark wirken monetäre Anreize oder psychische Wahrnehmungen auf die Entscheidung zur Steuerhinterziehung oder Steuerehrlichkeit? Bei der Entscheidung über die Steuerzahlung kann der Steuerpflichtige in der Theorie einem sozialen Dilemma gegenüberstehen. Wirtschaftspsychologisch wird ein soziales Dilemma folgendermaßen definiert:

> „Ein soziales Dilemma beschreibt einen Konflikt, in dem die individuell gewinnbringende Handlung, würde sie von allen gewählt werden, für die Gesamtheit einen Verlust darstellt."[30]

Nach der klassischen Entscheidungstheorie der Ökonomie liegt dem Handeln des Individuums die Annahme des rationalen Verhaltens und der Nutzenmaximierung zugrunde[31]. In einem sozialen Dilemma fällt die Entscheidung unter Unsicherheit und in Abhängigkeit von anderen Akteuren[32]. Das tatsächliche Verhalten von Individuen beruht nicht zwangsläufig auf einem normativen Entscheidungsprozess, sondern lässt sich häufig auf heuristische Entscheidungen zurückführen; wenn z.B. aufgrund mangelnder Zeit schnelle Entscheidungsprozesse verlangt werden, um ein Entscheidungsproblem zu lösen[33].

---

[29] Vgl. *Statistisches Bundesamt* (2009), S. 31 f.
[30] *Kirchler/Pitters* (2007), S. 360.
[31] Vgl. *Ortmanns/Albert* (2008), S. 13 ff.
[32] Vgl. *Kirchler/Pitters* (2007), S. 360.
[33] Vgl. *Ortmanns/Albert* (2008), S. 63 f.

In der Spieltheorie werden rationale Entscheidungen in Abhängigkeit von anderen Akteuren betrachtet[34]. Von der wirtschaftspsychologischen Seite wird auf das „Ultimatum-Spiel" aus der Spieltheorie verwiesen, bei dem die rationale Entscheidung in der Realität nicht beobachtet werden kann. Das Ultimatum-Spiel soll kurz erläutert werden[35]: Zwei Akteure, A und B, verfügen über eine Summe von beispielsweise 100 *Geldeinheiten* (GE). Wenn A zuerst über die Verteilung entscheiden darf, würde A entsprechend der rationalen Sichtweise für sich 99 GE und für B 1 GE vorschlagen. Wenn B den Vorschlag ablehnt, ist er schlechter gestellt als bei Annahme. Daraus folgt die Annahme von B. Dieses Verhalten wird durch die Empirie nicht bestätigt. Sogar bei anonymen experimentellen Untersuchungen herrscht unter den Individuen eine Präferenz für eine faire Verteilung. Dieses Ergebnis widerspricht der spieltheoretischen Sichtweise.

Das soziale Dilemma lässt sich wie folgt auf die Steuersituation übertragen: Entweder hinterzieht der Steuerpflichtige in Manier des Nutzenmaximierers, indem er die anderen Steuerpflichtigen die Bereitstellung der öffentlichen Güter und Leistungen finanzieren lässt (Free-Rider-Verhalten), oder er trifft die Entscheidung den geforderten Steuerbetrag redlich an den Staat abzuführen.

Die Entscheidungen der Individuen zur Steuerhinterziehung können sehr vielschichtig sein. Die Wissenschaft, sowohl auf der psychologischen als auch auf der ökonomischen Seite, hat verschiedene Theorien und Modelle für die Entscheidung zum Steuerzahlerverhalten entwickelt.

2.3.1 Ausgewählte theoretische Ansätze zur Steuerhinterziehung

Die hier ausgewählten theoretischen Ansätze zur Steuerhinterziehung bzw. die Begründungen für die Entscheidungen können im Rahmen dieses Buches jeweils nur in ihrem grundlegenden Kern beschrieben werden. Jedoch weisen sie ein entsprechendes Bild von dem Entstehen der Entscheidung und den Motiven des daraus folgenden Konfliktes auf.

2.3.1.1 Die Reaktanztheorie

Die Reaktanztheorie versucht motivgeleitetes Verhalten, das aus Freiheitsverlust erzeugt wird, zu beschreiben. Die grundlegende Annahme liegt darin, dass

---

[34] Vgl. *Ortmanns/Albert* (2008), S. 71 ff.
[35] Beispiel entnommen aus *Körner/Strotmann* (2006), S. 20 f.

das Individuum motiviert ist, seine reduzierte Handlungsfreiheit wiederherzustellen. Diese reduzierte Handlungsfreiheit wird durch als illegitim empfundene Einschränkungen verursacht. Der psychisch empfundene Druck oder die Einschränkung führen zu Akzeptanz oder Reaktanz. Letztere kann zu Widerstandsreaktionen führen. Zeitlich beschränkte Belastungen hemmen den Drang zur Reaktanz und Widerstandsreaktionen können weitgehend ausbleiben[36]. Die subjektive Freiheitseinschränkung beim Zahlen von Steuern kann den Entscheidungskonflikt des sozialen Dilemmas veranschaulichen[37].

Wird diese Theorie auf die Reaktion der Steuerpflichtigen übertragen, liegt es nahe, die Tendenz zu Steuerwiderständen und somit zur Steuerhinterziehung zu erklären. Entsprechend der Steuerbelastung durch den Staat kann der Steuerpflichtige sich in seiner monetären Handlungsfreiheit (vermindertes Einkommen) eingeschränkt fühlen. Um sein ursprüngliches Einkommensniveau zumindest teilweise zurückzugewinnen, kann er auf Steuerhinterziehung ausweichen. Um der Reaktanz entgegenzuwirken, kann der Staat die Belastung zeitlich beschränken oder Transferzahlungen leisten[38].

Kirchler und *Maciejovsky* leiten daraus ab, dass besonders das Gefühl der eingeschränkten Freiheit bei Selbstständigen und Unternehmen im Gegensatz zu Nichtselbstständigen stärker ausgeprägt sei. Die Begründung beruht darauf, dass die Steuern vom Einkommen der Nichtselbstständigen im Rahmen der Quellenbesteuerung durch den Arbeitgeber direkt abgeführt werden. Wohingegen Selbstständige und Unternehmen ihre Steuern vom Gewinn durch eine Steuererklärung deklarieren und folglich die monetäre Freiheitseinschränkung deutlicher zu spüren bekommen[39].

Schließlich folgt die Entscheidung zur Reaktanz der subjektiven Wahrnehmung des Zensiten über die Besteuerung[40]. Die Reaktanztheorie kann die Tendenz im Entscheidungskonflikt aufzeigen. Bisher unberücksichtigt sind die exogenen Variablen der Steuerhinterziehung. Kontrolle seitens der Finanzverwaltung und potenzielle Strafzahlungen fließen ebenfalls in den Entscheidungskonflikt mit ein.

---

[36] Zur Reaktanztheorie nach *Brehm* (1966) vgl. *Pelzmann* (2000), S. 44 ff.
[37] Vgl. *Kirchler/Maciejovsky* (2007), S. 219.
[38] Vgl. *Pelzmann* (2000), S. 65 f.
[39] Vgl. *Kirchler/Maciejovsky* (2007), S. 219 f.
[40] Vgl. *Pelzmann* (2000), S. 71.

2.3.1.2 Das ökonomische Standardmodell

Die Analyse der Steuerhinterziehung geht auf das ökonomische Standardmodell, entwickelt von *Allingham* und *Sandmo,* zurück[41]. In diesem Modell wird dem Steuerpflichtigen rationales Verhalten, im Sinne des homo oeconomicus[42], unterstellt. Das Individuum steht vor der Entscheidung, seinen Erwartungsnutzen zu maximieren. Es ist die Entscheidung zu treffen, sein wahres Einkommen gegenüber der Finanzverwaltung zu deklarieren oder durch Angabe eines geringeren Einkommens Steuerhinterziehung zu betreiben. Das Individuum wägt seine Entscheidung vor allem anhand der konstanten Determinanten, Kontrollwahrscheinlichkeit und Strafhöhe, ab. Der Kontrolle werden hier eine Aufdeckung des wahren Einkommens und eine zwingend folgende Strafzahlung unterstellt. Dies wird dann dem potenziellen Gewinn aus der nichtaufgedeckten Steuerhinterziehung in einer Nutzenfunktion gegenübergestellt[43]. Zum Veranschaulichen sei das Entscheidungskalkül des Individuums nach dem ökonomischen Standardmodell auf der folgenden Seite formelhaft dargestellt:

E[U]   = Erwartungsnutzen

U   = Nutzen

p   = konstante Kontrollwahrscheinlichkeit

(1-p)   = Wahrscheinlichkeit, der Kontrolle zu entgehen

θ   = konstanter Steuersatz

W   = wahres Einkommen

X   = deklariertes Einkommen

π   = Strafhöhe

Der Erwartungsnutzen für das Individuum ergibt sich aus

$$E[U] = (1-p)\,U\,(W - \theta X) + pU\,(W - \theta X - \pi(W\text{-}X))$$

---

[41] Das Modell beruht auf einer Variante der ökonomischen Theorie des Verbrechens von *Becker* (1968). Siehe *Allingham/Sandmo* (1972), S. 323 ff.

[42] Zur ausführlichen Erläuterung des ökonomischen Verhaltensmodells siehe *Kirchgässner* (1991), S. 12 ff.

[43] Vgl. *Allingham/Sandmo* (1972), S. 324 f.

Das Entscheidungskalkül erreicht sein Optimum, wenn die erwarteten Grenz-kosten des zu niedrig deklarierten Einkommens dem geplanten Grenznutzen entsprechen[44]. Mit anderen Worten: Ist das Produkt aus Kontrollwahrscheinlich-keit und dem abgeleiteten Strafsteuersatz kleiner als die zu zahlende Steuer, wird ein niedrigeres Einkommen deklariert. Steht dem potenziellen Gewinn aus dem nicht versteuerten Einkommen eine höhere Strafzahlung gegenüber, ent-scheidet sich das Individuum gegen die Steuerhinterziehung.

Das Modell berücksichtigt nicht alle Entscheidungsvariablen der Individuen. Die Autoren selber verweisen darauf, dass dieses Modell lediglich einen Ansatz zur Entscheidung für die Steuerhinterziehung darstelle und im Gegensatz zur Rea-lität stark vereinfachend sei[45].

Zahlreiche empirische Untersuchungen haben den Einfluss von Kontrollen, Strafen oder den Einkommen der Steuerpflichtigen auf die Entscheidung zur Steuerhinterziehung mit zum Teil heterogenen Ergebnissen untersucht[46]. In einer experimentellen Analyse kamen *Spicer* und *Lundstedt* zu einem Zusam-menhang der Kontrollwahrscheinlichkeit mit der Einstellung zur Steuerhin-terziehung, aber zu keinem Einfluss der Strafhöhe[47]. *Wärneryd* und *Walerud* konnten wiederum in einer Telefonbefragung keinen signifikanten Zusammen-hang zur Kontrollwahrscheinlichkeit feststellen[48]. Keinen Einfluss der Strafhöhe auf das Deklarationsverhalten zeigte ebenfalls *Baldry* auf[49]. Dies sind einige empirische Untersuchungen, die exemplarisch verdeutlichen, wie facettenreich das Messen der Einstellung, des Verhaltens oder der Motivation im Kontext der Steuerhinterziehung sein kann. Diese Komplexität schlägt sich in den hetero-genen Resultaten der experimentellen Untersuchungen nieder. *Pommerehne* schlussfolgert, dass der Einfluss von Abschreckung im besten Fall gering aus-fällt[50].

Das ökonomische Standardmodell wird immer wieder dafür kritisiert, dass alleine abschreckende Faktoren zur Erklärung des Verhaltens der Steuer-pflichtigen herangezogen werden und die verschiedenen Abwandlungen zu

---

[44] Vgl. *Pommerehne* (1985), S. 1158.
[45] Vgl. *Allingham/Sandmo* (1972), S. 338.
[46] Vgl. *Körner/Strotmann* (2006), S. 14 ff.; *Schöbel* (2008), S. 41 ff.
[47] Vgl. *Spicer/Lundstedt* (1976), S. 295 ff.
[48] Vgl. *Wärneryd/Walerud* (1982), S. 208 f.
[49] Vgl. *Baldry* (1986), S. 335.
[50] Vgl. *Pommerehne* (1985), S. 1163.

viele Faktoren nicht berücksichtigen[51]. Im Gegensatz zu dem ökonomischen Standardmodell, in dem das Individuum über vollständige Information verfügt, zeigt die folgende Theorie die Entscheidungsfindung unter Unsicherheit.

2.3.1.3 Prospect Theory

Die Diskussion über das ökonomische Standardmodell lässt vermuten, dass der Entscheidungskonflikt nicht alleine durch eine rationale Kosten-Nutzen-Überlegung bei Unsicherheit risikoneutral erfolgt[52]. Die ökonomisch logische Entscheidung wird nicht unbedingt mit der psychologischen Entscheidungsfindung übereinstimmen. *Kahneman* und *Tversky*[53] beschreiben in der Prospect Theory die Verhaltensanomalien von Individuen bei Entscheidungen unter Unsicherheit[54] und integrieren auf diese Weise Erkenntnisse der Psychologie in die Ökonomie[55]. Ein wesentlicher Kernpunkt ist zunächst, dass Individuen von unterschiedlichen subjektiven Wertfunktionen, sogenannten Referenzpunkten, eine Entscheidung treffen und nicht von einem absoluten Wert ausgehen. Abbildung 3 stellt beispielhaft eine subjektive Wertfunktion der Prospect Theory dar. Die Autoren geben mehrere Beispiele für die subjektive Sinneswahrnehmung wie z.B. Lautstärke, Temperatur usw. oder auch nichtsensorische wie Gesundheit und Autorität[56].

> „The same level of wealth, for example, may imply abject poverty for one person and great riches for another – depending on their current assets."[57]

Diese Merkmale binden die Autoren in ökonomische Sachverhalte ein. Gemäß der Prospect Theory handeln Individuen in Bezug auf Gewinn- oder Verlustsituationen ausgehend von dem Referenzpunkt. Beispielhaft wirkt die Differenz eines Gewinns von 100 GE zu 300 GE größer als die Gewinndifferenz von 3.100 GE zu 3.300 GE. Das Gleiche gilt für Verlustdifferenzen unter der Restriktion, dass Verluste (konvexer Verlauf) in gleichwertiger Höhe wie Gewinne (konkaver Verlauf) intensiver empfunden werden[58]. Diese unterschiedliche Wahrnehmung der Höhe ist in Abbildung 3 mit a und -a gekennzeichnet. Die verstär-

---

[51] Vgl. dazu u.a. *Alm/McCelland/Schulze* (1992), S. 21; *Schmidtchen* (1994), S. 186 ff.; *Kirchler/ Maciejovsky* (2007), S. 213 f.

[52] Vgl. *Kirchler/Maciejovsky* (2007), S. 224.

[53] *Daniel Kahneman* wurde im Jahre 2002 der Nobelpreis für die Prospect Theory verliehen, die er gemeinsam mit dem bereits verstorbenen *Amos Tversky* 1979 veröffentlichte.

[54] Vgl. *Kahneman/Tversky* (1979), S. 263.

[55] Vgl. *Franzen* (2008a), S. 76.

[56] Vgl. *Kahneman/Tversky* (1979), S. 277 f.

[57] *Kahneman/Tversky* (1979), S. 277.

[58] Vgl. *Kirchler/Pitters* (2007), S. 360 f.

kte Verlustwahrnehmung wird als Verlustaversion beschrieben[59]. Ein Grund für die Verlustaversion sind sogenannte kognitive Restriktionen, d.h. eine beschränkte Fähigkeit Informationen zu verarbeiten. Dementsprechend können Eintrittswahrscheinlichkeiten von Situationen überschätzt werden. Das objektive Situationsrisiko wird durch das subjektive Risiko als zu groß empfunden[60].

Quelle: *Kirchler/Pitters* (2007), S. 361.

Die hier kurz beschriebene Prospect Theory kann somit einen Anhaltspunkt für das Verhalten der Steuerpflichtigen liefern. Die Entscheidung hängt demnach weniger von der tatsächlichen Steuerbelastung ab, sondern vielmehr davon, ob z.B. die Steuerpflichtigen, vom Referenzpunkt ausgehend, eine Steuernachzahlung oder Steuerrückerstattung erwarten. *Kirchler* und *Maciejovsky* führten

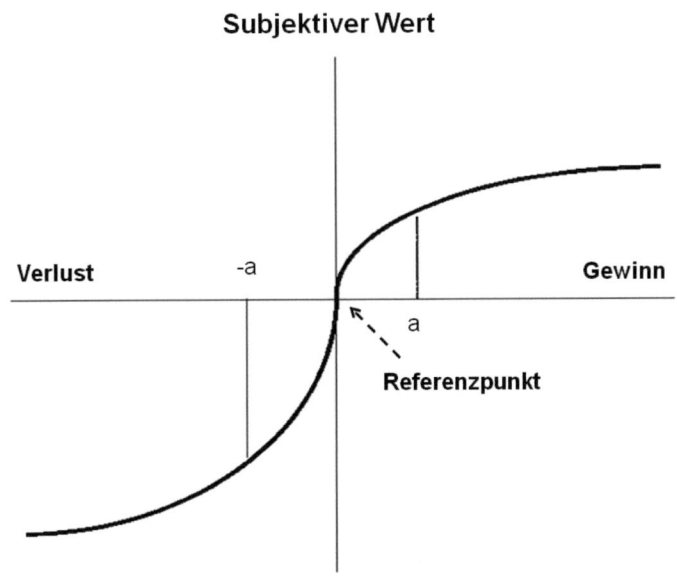

mit Freiberuflern und Gewerbetreibenden eine experimentelle Untersuchung

Abbildung 3: Subjektive Wertfunktion der Prospect Theory

durch. Sie wiesen nach, dass der Referenzpunkt der Entscheidungssituation in Abhängigkeit zum Verhalten der Steuerpflichtigen steht. Eine Steuerrückerstattung wird von den Beteiligten als Gewinn angesehen, dem eine höhere Steuerehrlichkeit folgt, während eine Steuernachzahlung als Verlust empfunden

---

[59] Vgl. *Körner/Strotmann* (2006), S. 124.
[60] Vgl. *Franzen* (2008a), S. 76.

wird und zu geringerer Steuerehrlichkeit führt[61]. Diverse weitere Studien ergaben eine Übereinstimmung der Beurteilung von Gewinn- und Verlust-situationen auf Grundlage der Prospect Theory[62]. Im Ganzen scheint die Prospect Theory einen Teil der Steuerhinterziehung zu erklären, jedoch bleiben weitere Faktoren des Verhaltens der Steuerpflichtigen unberücksichtigt[63].

2.3.1.4 Die Steuerpsychologie

Überlegungen zu Verhaltensweisen der Steuerpflichtigen sind kein Forschungs-gegenstand neuzeitlicher Bestrebungen der Wirtschaftspsychologie oder ande-rer Disziplinen. Unter Einbeziehung interdisziplinärer Ansätze[64] etablierte *Schmölders* die sozialökonomische Verhaltensforschung als Finanzpsychologie in der Finanzwissenschaft[65]. Bereits in den fünfziger Jahren lieferte die von *Schmölders* gegründete „Kölner Schule der Finanzpsychologie" erste empiri-sche Forschungsergebnisse. Mit Nachdruck widmete er seine Aufmerksamkeit der Steuerpsychologie. Deren Kerngedanke ist die Erklärung von Einstellung, Verhalten und Wertung - auf der vorgelagerten Ebene - sowie der Wandel von Emotion und Motivation - auf der nachgelagerten Ebene - der Steuerpflichtigen gegenüber der Besteuerung[66]. Mit der Frage nach den psychologischen Gren-zen der Besteuerung modelliert *Schmölders* die unterschiedlichen Faktoren, die zu legalem oder illegalem Steuerwiderstand bei den Steuerpflichtigen führen[67]. Das Steuerwiderstandsverhalten der Steuerpflichtigen wird in Abbildung 4 operationalisiert.

---

[61] Vgl. *Kirchler/Maciejovsky* (2001), S. 188 ff.
[62] Vgl. dazu u.a. *Körner/Strotmann* (2006), S. 125; *Kirchler/Maciejovsky* (2007), S. 224 ff.
[63] Vgl. *Körner/Strotmann* (2006), S. 126.
[64] Vgl. *Schmölders* (1960), S. 11.
[65] *Schmölders* erhielt einen eigens eingerichteten Lehrstuhl für Finanzpsychologie an der Uni-versität zu Köln. Vgl. *Mackscheidt* (1994), S. 41 ff.
[66] Vgl. *Mackscheidt* (1994), S. 44 ff.
[67] Vgl. *Schmölders/Hansmeyer* (1980), S. 101 f.

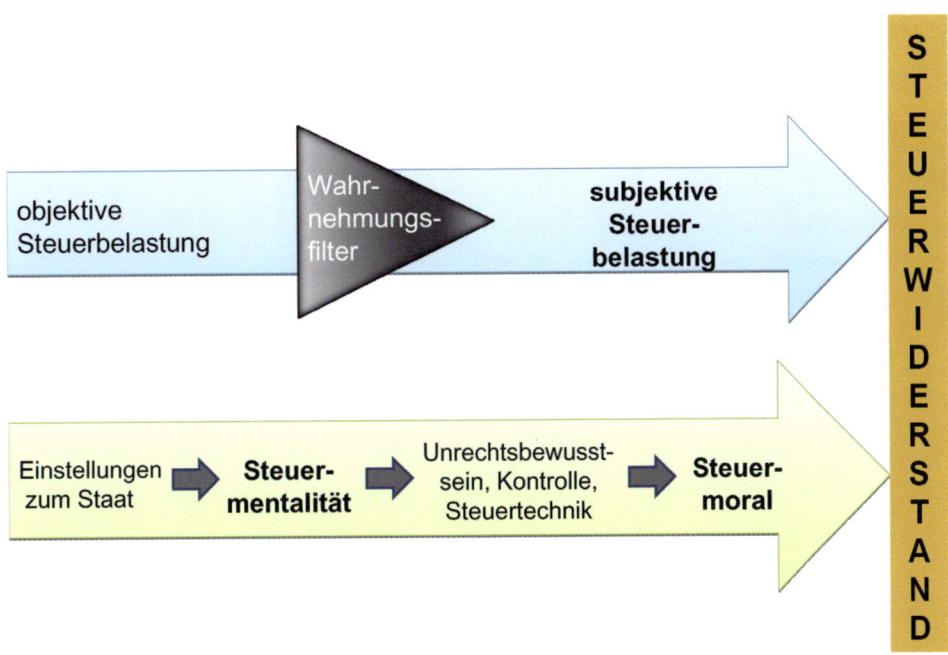

Abbildung 4: Ursachenketten des Steuerwiderstands nach der Steuerpsychologie

Quelle: *Schmölders/Hansmeyer* (1980), S. 102, zit. n. *Franzen* (2008a), S. 75.

Die erste Ursachenkette des Steuerwiderstandes bildet einerseits zunächst die subjektive Steuerbelastung bzw. das Steuerbelastungsgefühl der Steuerpflichtigen und andererseits die objektive Steuerbelastung, d.h. der Steuerbetrag, der effektiv gezahlt wird. Diese objektive Steuerbelastung führt durch den sogenannten Wahrnehmungsfilter zur subjektiven Steuerbelastung. Die Wahrnehmung der tatsächlichen Reduktion des verfügbaren Einkommens kann aufgrund verschiedener Faktoren, wie Beurteilung staatlicher Leistungen, Höhe des Einkommens, soziale Lage, Kontinuität usw., bei den Steuerpflichtigen verändert werden. Ein weiterer Faktor ist z.B. die Merklichkeit einer Steuer. Sie kann großen Einfluss auf die Wahrnehmung haben. Je nachdem, ob die Besteuerung direkt oder indirekt ausgestaltet ist, wirkt das subjektive Empfinden über die Belastung unterschiedlich. Spezielle oder allgemeine Verbrauchsteuern sind bereits in die Verkaufspreise für Güter und Leistungen integriert und werden nicht von den Steuerpflichtigen an den Fiskus abgeführt. Im Gegensatz dazu kann die Einkommensteuer, als direkte Steuer, einen hohen Merklichkeitsgrad[68] bei den Steuerpflichtigen aufweisen. In gleicher Weise kann die Bezeichnung einer Steuer, beispielsweise als Solidaritätszuschlag, Notopfer, Kohlepfennig usw. eine Steuer als solche unkenntlicher gestalten. Die aus den verschiedenen Faktoren des Wahrnehmungsfilters individuell empfundenen Nutzeneinbußen bezeichnen die subjektive Steuerlast[69].

Die zweite Ursachenkette bildet die Steuermoral des Steuerpflichtigen, die fest verbunden ist mit der Steuermentalität[70]. *Schmölders* definiert die Steuermentalität als die „allgemein herrschende Attitüde oder Einstellung zur Steuer und zur Besteuerung schlechthin"[71]. Ganze Völker oder Gemeinschaften können aus soziokulturellen, politisch-institutionellen, individuellen Persönlichkeits- und Einstellungsmerkmalen der Steuer unterschiedlich gegenüberstehen. Diese Merkmale prägen wiederum die generelle Einstellung zum Staat. Historisch gewachsene Privilegien, die Beurteilung von Gerechtigkeit und die technische Gestaltung des Steuersystems sowie weitere Faktoren wirken auf diese Einstellung zurück. Bereits die Semantik des Begriffs „Steuer" in verschiedenen Sprachen gibt nach *Schmölders* ein Verständnis über eine tendenziell positive bis negative Assoziation[72]. Die Steuermentalität kann im Laufe der Zeit Veränderungen unterliegen. Allerdings sitzt diese Grundeinstellung sehr tief und verändert sich, wenn überhaupt, nur langsam[73].

Aus der Steuermentalität bildet sich für den Steuerpflichtigen die Steuermoral, die „seine Einstellung zum Steuerdelikt, und seine <Steuerdisziplin>"[74], beschreibt. Verschiedene ökonomische und (sozial-) psychologische Faktoren, wie die Transparenz der staatlichen Ausgaben, die Steuertechnik, das Fernbleiben reziproker Folgen, Abschreckung usw., beeinflussen die Steuermoral[75].

Die tatsächliche Verhaltensweise der Steuerpflichtigen spiegelt sich nach *Schmölders* in der Einstellung zu diesem Verhalten wider. So soll die Steuer-

---

[68] Der Merklichkeitsgrad kann auch hier unterschiedlich ausfallen. Wird die Einkommensteuer per Quellenabzugsverfahren erhoben, ist sie geringer merklich als bei der eigenen Entrichtung der Einkommensteuer. Letzteres z.B. bei Selbstständigen oder Unternehmen. Vgl. dazu *Schmölders/Hansmeyer* (1980), S. 105.

[69] Vgl. *Schmölders/Hansmeyer* (1980), S. 103 ff.

[70] Vgl. *Schmölders* (1960), S. 97 f.

[71] *Schmölders* (1960), S. 69 f.

[72] In den nordeuropäischen Ländern weist die Steuer eine positive Bezeichnung auf. Dementsprechend kennzeichnet das schwedische Wort „skat" = den Beitrag zum Staatsschatz. In den südeuropäischen Ländern dagegen fließt das lateinische Verb "imponere" = auferlegen in den Sprachgebrauch ein. Siehe dazu *Schmölders/Hansmeyer* (1980), S. 111 f.

[73] Vgl. *Schmölders* (1970), S. 326.

[74] *Schmölders* (1960), S. 70.

[75] Vgl. *Schmölders/Hansmeyer* (1980), S. 118 f.

moral die einflussreichste Größe sein, mit der sich das Verhalten gegenüber der persönlichen Steuerpflicht bestimmen lässt[76]. Während von einer schlechten Steuermoral tendenziell auf illegales Steuerverhalten geschlossen werden kann, muss eine gute Steuermoral mit Steuerehrlichkeit nicht einhergehen[77].

Die beiden dargestellten Ursachenketten zeigen aus sozioökonomischer Perspektive die Einflussfaktoren auf den Steuerwiderstand. Dabei müssen direkte und indirekte Wechselwirkungen berücksichtigt werden[78]. *Schmölders* legte mit der Steuerpsychologie einen Grundstein für die Erforschung des Steuerzahlerverhaltens und der Entscheidung zur Steuerhinterziehung. Wie der folgende Abschnitt zeigt, wurde die Idee, insbesondere der Steuermoral, zur Erklärung des Steuerhinterziehungsverhaltens an späterer Stelle wieder aufgegriffen, ergänzt und erweitert[79].

2.3.2 Das Steuerzahlerrätsel – Kann die Steuermoral helfen?

In der Theorie gibt es kein umfassendes Modell, das die Entscheidung zur Steuerhinterziehung oder Steuerehrlichkeit erschöpfend erklären kann. Zu viele individuelle Faktoren spielen in das Verhalten der Zensiten mit ein. Auf Grundlage des ökonomischen Standardmodells müssten, aus rationaler Entscheidung, wesentlich mehr Steuern hinterzogen werden als es empirisch belegt und in der Realität festzustellen ist, da die Wahrscheinlichkeit kontrolliert zu werden in Wirklichkeit sehr gering ausfällt[80].

Es bleibt eine Erklärungslücke offen, wie das Verhalten der Steuerpflichtigen, nicht allein aufgrund von Abschreckung, beschrieben werden kann. Denn mehrere Autoren aus verschiedenen Disziplinen verweisen darauf, dass nicht in dem Umfang Steuerhinterziehung betrieben wird, wie es aus dem ökonomischen Standardmodell hervorgeht[81]. Aus dieser Erklärungslücke ergibt sich das sogenannte Steuerzahlerrätsel[82]. *Alm*, *McCelland* und *Schulze* fragen danach, warum eigentlich so viele Bürger Steuern zahlen[83], und stellen fest:

---

[76] Vgl. *Schmölders* (1960), S. 101; *Schmölders* (1975), S. 106.
[77] Vgl. *Schmölders* (1960), S. 110.
[78] Vgl. *Schmölders/Hansmeyer* (1980), S. 111.
[79] Vgl. *Mackscheidt* (1994), S. 59 f.
[80] Vgl. *Alm/McCelland/Schulze* (1992), S. 22.
[81] Vgl. *Schöbel* (2008), S. 75.
[82] Vgl. *Schmidtchen* (1994), S. 189 ff.
[83] Mit der Fragestellung „Why do people pay taxes?". Siehe *Alm/McCelland/Schulze* (1992); dazu ähnlich *Slemrod* (1992) und *Andreoni/Erard/Feinstein* (1998).

„The puzzle of tax compliance is that most people continue to pay their taxes."[84] In der Forschung zeigt sich eine Trendwende in Richtung der Bedingungen zu mehr Steuerehrlichkeit ab[85].

Doch was sind zunächst die Ursachen für die Entscheidung, Steuern (ehrlich) zu zahlen? Folgende drei Begründungen: Chancenstruktur, Abschreckung und Steuermoral werden zunächst unterstellt und kurz mit den bisher erläuterten Theorien in Verbindung gebracht. Abbildung 5 zeigt vereinfachend diese drei Faktoren für den Entscheidungsprozess der Steuerpflichtigen. Die Reihenfolge und die Gewichtung unterliegen individuellen Gegebenheiten. Als Ergebnis des Entscheidungsprozesses folgen Steuerwiderstand oder Steuerehrlichkeit.

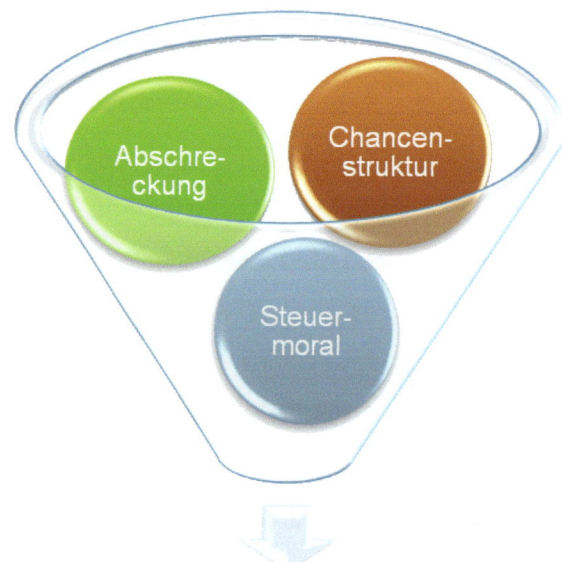

Steuerwiderstand oder **Steuerehrlichkeit**

Abbildung 5: Entscheidungsprozess der Steuerpflichtigen

Quelle: Eigene Darstellung in Anlehnung an *Elffers* (2000), S. 186.

Nicht jeder Steuerpflichtige hat die Chance Steuerhinterziehung zu betreiben. Die Ausgestaltung des Steuersystems spielt eine maßgebliche Rolle bei der Entscheidung zur Steuerhinterziehung[86]. Beispielhaft sei an die verschiedenen Formen der Steuererhebung für die Einkommensteuer in Deutschland gedacht. Bei der Veranlagung eines abhängig Beschäftigten wird durch das Quellenabzugsverfahren die Lohnsteuer direkt vom Arbeitgeber an den Fiskus abge-

---

[84] *Alm/McCelland/Schulze* (1992), S. 21.
[85] Vgl. *Torgler* (2004), S. 166.
[86] Vgl. *Weigel/Hessing/Elffers* (1987), S. 222 f.; *Elffers* (2000), S. 187.

führt[87]. Der Selbstständige dagegen erklärt sein Einkommen durch Selbstveran-lagung, in Form der Steuererklärung[88]. *Wiswede* bezeichnet die verschiedenen Möglichkeiten als „Chancenstrukturen" und verweist auf die Reaktionen der Reaktanztheorie bei empfundenen Freiheitseinschränkungen[89].

Existiert die Chance Steuerhinterziehung zu betreiben, wirken vor allem die po-tenzielle Aufdeckung und die folgende Strafe, wie das ökonomische Standardmodell zeigt, abschreckend auf die Steuerpflichtigen. Denn ist die zu erwartende Geldstrafe zu hoch, geht das Hinterziehungskalkül nicht auf[90]. Eng verbunden damit ist die subjektiv überschätzte Wahrnehmung der objektiven Kontrollwahrscheinlichkeit, wie die Prospect Theory dokumentiert. Letzteres wird zur Erklärung von Steuerehrlichkeit immer wieder als einer der Haupt-gründe für den Unterschied zwischen Theorie und Realität angeführt[91].

Die dritte Begründung, die Steuermoral, wird in der Wissenschaft oft als eine „Residualgröße" behandelt, die zum Erklären des Steuerzahlerverhaltens dient[92]. Andererseits misst ihr die Steuerpsychologie eine nicht zu unterschät-zende Rolle bei der Entscheidung über das individuelle Verhalten bei[93]. In Bezug auf das Steuerzahlerrätsel wird die Steuermoral, als die Einsicht des Steuerpflichtigen in seine beschränkte Rationalität beschrieben. Des Weiteren ist sie ausschlaggebend dafür, ob die Entscheidung, Steuern zu hinterziehen, überhaupt in das individuelle Verhaltensrepertoire aufgenommen wird[94]. Daraus lässt sich schließen, dass nicht jeder Steuerpflichtige zur Steuerhinterziehung tendiert, wenn eine Chance dazu besteht.

Die Steuermoralforschung könnte der Schlüssel für das Verhalten der Steuer-pflichtigen sein. Sie hat in der Ökonomie und (Sozial-)Psychologie an Bedeu-tung gewonnen und dient als Bindeglied mehrerer Wissenschaften[95]. In dem nachfolgenden Kapitel soll geklärt werden, wie Steuermoral definiert, gemessen

---

[87] Der Arbeitnehmer könnte auf die Schattenwirtschaft ausweichen; dies wird hier nicht näher betrachtet vgl. *Schöbel* (2008), S. 84 ff.
[88] Es ist zu beachten, dass im deutschen Einkommensteuerrecht bei der Selbstveranlagung zum Teil Vorauszahlungen geleistet werden müssen. Vgl. *Körner/Strotmann* (2006), S. 127.
[89] Vgl. *Wiswede* (1995), S. 162.
[90] Vgl. *Schöbel* (2008), S. 87 f.
[91] Vgl. *Alm/McCelland/Schulze* (1992), S. 36.
[92] Vgl. *Feld/Frey* (2002), S. 89.
[93] Vgl. dazu Abschnitt 2.3.1.4 „Die Steuerpsychologie".
[94] Vgl. *Schmidtchen* (1994), S. 209.
[95] Vgl. *Frey/Torgler* (2002), S. 134.

und erfasst wird. Fokussiert auf den Hintergrund der verschiedenen Betrachtungsweisen dieses Phänomens wird die Steuermoral konzeptioniert.

3. Konzept der Steuermoral

Die bisherige Analyse hat gezeigt, dass nicht in dem Maße Steuerhinterziehung betrieben wird, wie es das ökonomische Standardmodell annehmen ließe. Dies ist der Anstoß für die Trendwende hin zu der Frage, welche Bedingungen zur Steuerehrlichkeit führen. Abschreckung durch Kontrollen und Strafen kann das Verhalten der Steuerpflichtigen alleine nicht erklären. Die Steuerehrlichkeit kann somit nicht nur als Folge des risikoscheuen Verhaltens erklärt werden, sondern bedarf einer umfassenderen Betrachtung, die hier unter der Steuermoral konzeptioniert wird. Im Weiteren werden die Ursachen des Steuermoraldilemmas betrachtet und wirtschaftspolitische Maßnahmen, im Zusammenhang mit der Steuermoral, kritisch diskutiert.

3.1 Konkretisierung der Steuermoral

An dieser Stelle soll konkretisiert werden, wie Steuermoral definiert wird. Verschiedene Definitionen werden dabei unterschieden. Die Steuermoral und ihre Verbindung zur Wirtschaftspsychologie werden anfänglich kurz thematisiert. Des Weiteren wird ein ökonomisches Modell beschrieben, in dem Steuermoral entmarginalisiert und der Zensit als rationaler Regelbefolger unterstellt wird. Anschließend erfolgt eine Darstellung der Evolution der Steuermoralforschung, basierend auf den steuerpsychologischen Überlegungen und neueren Theorien, die auf analoge Art und Weise die Steuermoral betrachten. Die Evolution soll zeigen, dass die sozioökonomischen Arbeiten von *Schmölders* mittels der modernen Wirtschaftspsychologie vertieft und erweitert thematisiert werden.

3.1.1 Steuermoral und Wirtschaftspsychologie

Wird die Steuermoral ökonomisch erklärbar, kann sie zum Teil Aufschluss über das Verhalten der Steuerpflichtigen liefern. Wirtschaftspolitische Maßnahmen und institutionelle Rahmenbedingungen können auf die Steuermoral abgestimmt werden.

Moralische Aspekte werden in der Regel nicht in der Wissenschaft des Ökonomen, sondern in der Philosophie oder Theologie behandelt. Jedoch wird der Ursprung der Ökonomie in der Moralphilosophie erkannt. So liegt es nahe, sich mit dieser Frage zu beschäftigen[96]. „Es gibt keinen Grund, Steuermoral nicht ökonomisch zu analysieren, wenn man den ökonomischen Ansatz zur Analyse menschlichen Verhaltens begreift."[97] Bereits die Steuerpsychologie zeigt, dass sich ein Ökonom mit dem Verhalten der Steuerpflichtigen beschäftigen kann. In der Wissenschaft werden die Bedingungen für die Einstellung zu dem Verhalten der Steuerpflichtigen mit dem Begriff der Steuermoral in Verbindung gebracht.

Die Verhaltensdeterminanten zur Steuerhinterziehung im ökonomischen Standardmodell werden durch monetäre Konsequenzen und damit exogen bestimmt[98], d.h. die Entscheidung wird aufgrund der von außen vorgegebenen Bedingungen, der Kontrolle und Bestrafung, gefällt. Empirische Untersuchungen zeigen auf, dass selbst bei einer nicht gegebenen Kontrolle und Strafe Steuerpflichtige bereit sind, ihre Steuern ehrlich bzw. freiwillig zu zahlen[99]. Deshalb stellt die endogene Betrachtung der Verhaltensdeterminanten einen anderen Weg dar, d.h. die Steuerehrlichkeit soll durch eigene Anreize erfolgen[100]. Die Einstellung der Individuen in Form der Steuermoral steht hier im Mittelpunkt.

Um das Verhalten zur Steuerehrlichkeit und Steuerhinterziehung zu verstehen, gewinnt die Steuermoralforschung an Aufmerksamkeit. Steuermoral wird als eine Variable anerkannt, die in ein ökonomisches und psychologisches Modell zur Steuerehrlichkeit integriert werden sollte[101]. In vielen Modellen wird die Steuermoral als Black-Box behandelt. Das heißt sie ist eine exogene Variable, die in ein Kalkül mit eingebracht wird, ohne zu konkretisieren, worum es sich bei dieser Variable genau handelt, wie mit ihr umzugehen ist und woraus sie sich zusammensetzt[102]. Deshalb soll die Steuermoral für den weiteren Verlauf der Ausarbeitung weiter konkretisiert werden.

3.1.2 Beschränkte Rationalität

Die Steuermoral modelliert *Schmidtchen* im Hinblick auf das Entscheidungsproblem des Individuums, der steuerlichen Pflicht nachzukommen[103]. Die Ursa-

---

[96] Vgl. *Kirchgässner* (1999), S. 425 f.
[97] *Kirchgässner* (1999), S. 426.
[98] Vgl. *Kirchler/Maciejovsky* (2007), S. 206 f.
[99] Vgl. *Alm/McCelland/Schulze* (1992), S. 21 ff.; *Alm/Torgler* (2006), S. 225 f.
[100] Vgl. *Kirchler/Maciejovsky* (2007), S. 207 ff.
[101] Vgl. *Andreoni/Erard/Feinstein* (1998), S. 852 und 855; *Frey/Torgler* (2002), S. 130.
[102] Vgl. *Feld/Frey* (2002), S. 88.
[103] Basierend auf einem Ansatz des regelgeleiteten Verhaltens nach *Heiner* (1983). Vgl. *Schmidtchen* (1994), S. 188 ff.

chen beschreibt er einerseits unter dem Ansatz der sogenannten „Kompetenz-Schwierigkeitslücke"[104], bei dem es zu einem Missverhältnis zwischen Kompetenz und Schwierigkeit der Aufgabe kommt. Andererseits wird die daraus folgende Entscheidungsfindung des rationalen Regelbefolgers beschrieben. Das Individuum steht vor der Frage, ob es sich regelkonform verhalten soll oder nicht. Traditionell steht der Steuerzahler vor dem Entscheidungsproblem, in welcher Höhe er Steuerhinterziehung betreiben soll. Der Steuerpflichtige unterliegt bei dieser Kompetenz-Schwierigkeitslücke kognitiven Restriktionen aufgrund mangelnder Information, Unsicherheit und der Komplexität des Steuersystems[105].

Der zweite Modellansatz ist die Integration der Steuermoral als zusätzliches Argument in Form von moralischen Gefühlen bzw. Kosten in die Nutzenfunktion des Steuerzahlers. Des Weiteren wird die Steuermoral als Handlungsrestriktion des Steuerzahlers unterstellt[106]. Diese moralischen Kosten sind psychologische Belastungen z.B. in Form von Gewissensbissen[107]. Der eigene Einwand des Autors lautet, dass diese moralischen Kosten der Steuerzahler ökonomisch nicht erklärbar sind und die Wirkung der Steuermoral in ihrer Funktion als Handlungsrestriktion ausschließlich ihren marginalen Charakter verliert[108]. Die Steuermoral ist nach *Schmidtchen* die beste Antwort des Steuerzahlers auf die Einsicht in seine beschränkte Rationalität[109]. Somit schließt die Steuermoral die Entscheidung nicht mit ein, sondern beeinflusst die Wahl der Handlungsentscheidung.

Die ökonomische Erklärung des Ansatzes von *Schmidtchen* liegt darin, wie es in der komplexen Steuersituation aufgrund kognitiver Restriktionen zu der Regelbindung kommt und welche Entscheidungen die Regelbindung für das Individuum mit sich bringt. Angesichts der Unsicherheit über die Gewinn- und Verlustsituation durch mangelnde Information folgt die Entscheidung zur Steuerehrlichkeit, da das Risiko einer Steuerhinterziehung nicht kalkuliert werden kann. Auf diese Weise zeigt sich die Einsicht in die beschränkte Rationalität. Als Konsequenz für die Steuerpolitik würde eine Zunahme der Systemkomplexität

---

[104] Vgl. *Schmidtchen* (1994), S. 188 und 203.
[105] Vgl. *Schmidtchen* (1994), S. 200 f.
[106] Vgl. *Schmidtchen* (1994), S. 192 f.
[107] Vgl. *Torgler* (2004), S. 167; *Frey/Torgler* (2002), S. 133.
[108] Vgl. *Schmidtchen* (1994), S. 194 f.
[109] Vgl. *Schmidtchen* (1994), S. 209.

das Steueraufkommen steigern[110], da die Steuerpflichtigen aufgrund ihrer Kompetenz-Schwierigkeitslücke in der komplexen Besteuerung keinen Ausweg zur Steuerhinterziehung finden bzw. wagen.

Dieses Resultat wird kritisch betrachtet[111]. Die Zunahme der Komplexität kann zu verschiedenen gegenläufigen Effekten führen. Mit steigender Komplexität der Steuergesetze wächst nicht nur die Unsicherheit über die Besteuerung auf Seiten des Steuerzahlers, sondern auch seitens der Finanzverwaltung. Daraus resultierend wäre die Steuerentrichtung für die Zensiten mit mehr Aufwand verbunden, was zur Frustration führen kann. Des Weiteren könnte das Gerechtigkeitsempfinden der Steuerpflichtigen gestört werden. Bei steigender Komplexität leidet die subjektive Wahrnehmung. Diese stellt das Empfinden, von besonderen Steuerprivilegien ausgeschlossen zu sein, dar. Letztlich können diese Effekte zu Widerstandsverhalten bei den Zensiten führen. Das Widerstandsverhalten wiederum könnte ebenfalls dazu veranlassen Steuerhinterziehung zu betreiben, wenn dieses Verhalten bei anderen Steuerzahlern beobachtet wird[112]. Die beschränkte Rationalität zeigt auf, dass das Individuum nicht über vollständige Informationen verfügt, um eine rationale Entscheidung im Steuerkontext zu treffen.

3.1.3 Die Evolution der Steuermoralforschung

Wie mit Hinweis auf die Steuerpsychologie kurz erläutert, bildet sich aus der Steuermentalität die Steuermoral des Steuerpflichtigen. Die Steuermoral wird von *Schmölders* als Einstellung seitens der Steuerpflichtigen zur Erfüllung oder Nichterfüllung ihrer Steuerpflicht verstanden[113]. Ihren besonderen Ausdruck findet sie in der Evaluation der Steuerdelikte, d.h. in der Beurteilung der Steuersünder und der Steuerstrafe. Gerade die so gefundene Einstellung soll Aufschluss über das Verhalten der Steuerpflichtigen geben[114].

Schmölders grenzt den Begriff der Steuermoral von allgemeinen Moralvorstellungen in der Gesellschaft oder von der Geschäftsmoral ab. Dies bedeutet, dass im Zusammenhang mit der Steuerzahlung bei den Individuen bzw. bei der Bevölkerung spezielle Moralvorstellungen herrschen, die *Schmölders* als Steu-

---

[110] Vgl. *Bizer* (2008), S. 31 ff.
[111] Vgl. *Bizer* (2008), S. 34; *Frey/Torgler* (2002), S. 134.
[112] Vgl. *Bizer* (2008), S. 35 f.
[113] Vgl. *Schmölders* (1960), S. 70.
[114] Vgl. *Schmölders* (1960), S. 101.

ermoral auf der individuellen und als Steuermentalität auf der gesellschaftlichen Ebene charakterisiert. Es sind das Verhalten (Steuerdisziplin) und die Einstellung gegenüber den illegalen Steuerwiderständen (Steuerdelikt), die unter den Begriff der Steuermoral subsumiert werden[115]. Auf dieser Operationalisierung von *Schmölders* bauen neuere Theorien auf.

3.1.3.1 Soziale Repräsentation

Im Kontext der Wirtschaftspsychologie verfasst *Kirchler*[116] zum Steuerzahlerverhalten eine umfangreiche Sammlung an empirischen Daten und zeigt mit deren Hilfe die Bedeutung und die Entwicklung der Steuermoralforschung auf. *Kirchler* kritisiert die fehlende Präzision der Ebene, auf der die Steuermoral nach *Schmölders* behandelt wird. Einerseits scheint die Gruppen- bzw. Gesellschaftsebene gemeint, andererseits wieder die individuelle Ebene:

> „It is not always clear [...] whether tax morale is conceived as a concept on the national or individual level. [...] the concept of morale is conceived on the national level, while measurements of the concept are focused on citizens' tax mentality, and, on the individual level, integrate knowledge, attitudes towards the government and taxation, condemnation of tax evasion and subjective experience of fair treatment by the government."[117]

Basierend auf der sozialpsychologischen Theorie der sozialen Repräsentation beschreibt *Kirchler* die Steuermoral[118]. Aus der Perspektive dieser Theorie kann die Steuermoral ein gesellschaftlich geteiltes Wissen darstellen. Durch sozial geschaffene und in der Gesellschaft kommunizierte Gedanken bzw. Meinungen entsteht ein kollektives Bewusstsein. Die Wahrnehmung und Verhaltensabsichten kommen in der Auslegung und Bewertung steuerlicher Fragen sowie der daraus erwarteten gesellschaftlichen Zustimmung oder Ablehnung zum Ausdruck[119].

Obwohl Steuermoral und Steuermentalität nicht unterschieden werden, sind die Ansichten der Steuerpsychologie nach *Schmölders* als Ausgangspunkt der Überlegungen zu betrachten[120]. Deshalb wird im Folgenden lediglich der Begriff Steuermoral verwendet, es sei denn, dass auf eine Unterscheidung zur Steuermentalität explizit hingewiesen wird.

---

[115] Vgl. *Schmölders* (1960), S. 97 ff.
[116] Siehe dazu die Veröffentlichung von *Kirchler* (2007).
[117] *Kirchler* (2007), S. 101 f.
[118] Vgl. *Kirchler* (2007), S. 28 ff.
[119] Vgl. *Kirchler* (2007), S. 102.
[120] Vgl. *Kirchler* (2007), S. 28 und 99 ff.

Die soziale Repräsentation von Steuern spiegelt die individuelle und gesellschaftliche Einstellung gegenüber der Besteuerung wider. Verschiedene
Faktoren münden in die soziale Repräsentation als Einsicht zur Bürgerpflicht,
Steuern ehrlich zu zahlen. Die unter der sozialen Repräsentation beschriebe-
nen Faktoren stellen das subjektive Wissen über Steuergesetze, Steuergerechtigkeit, Normenbindung und -bildung, Gelegenheiten zum Regelverstoß sowie
emotionale Größen, beispielsweise Glaube und Gefühle, bis zur Bewertung
steuerlicher Sachverhalte dar. Dabei wird Steuermoral als die intrinsische
Motivation Steuern zu zahlen verstanden und diese kann das Verhalten der
Steuerpflichtigen beeinflussen. Die endgültige Entscheidung zur Steuerehrlichkeit oder Steuerhinterziehung kann jedoch nicht abschließend bestimmt werden[121].

3.1.3.2 Intrinsische Motivation

Der aus der Psychologie stammende Begriff der intrinsischen Motivation wird
von mehreren Autoren verwendet, um die Steuermoral zu definieren[122]. Da-
neben ist zu beachten, dass zwischen intrinsischer und extrinsischer Motivation
eine systematische Beziehung herrscht und sie teilweise in empirischen Studien
nicht unterschieden werden können[123]. Extrinsische Motivation ist die Bedürfnisbefriedigung auf indirekte oder instrumentelle Art. Die ökonomische Sichtweise
basiert auf extrinsischer Motivation, d.h. die Entscheidungen und damit einhergehend das Verhalten beruhen auf monetären Anreizen bzw. Motivationen
der Individuen. Die intrinsische Motivation dagegen existiert neben der extrinsischen Motivation[124]. Bei intrinsischen Motivationen stellt „die Aktivität oder
deren Ziel eine unmittelbare Bedürfnisbefriedigung dar."[125] Geht das Individuum
zur Arbeit, um sich seine Bedürfnisbefriedigung in der Freizeit zu finanzieren, ist
es extrinsisch motiviert. Stellt die Arbeit jedoch eine Bedürfnisbefriedigung
selber dar, ist es intrinsisch motiviert.

Beispielhafte Eigenschaften der intrinsischen Motivation sind Altruismus,
Kooperationsbereitschaft, Gerechtigkeitsempfinden oder die Befolgung sozialer
Normen. Allerdings kann es bei dieser zu Verdrängungseffekten, sogenannten

---

[121] Vgl. *Kirchler* (2007), S. 191 ff.
[122] Siehe dazu u.a. *Frey* (1997), S. 17; *Feld/Frey* (2002), S. 88; *Alm/Torgler* (2006), S. 224;
Torgler/Schneider (2009), S. 230.
[123] Vgl. *Frey/Osterloh* (2002), S. 25.
[124] Vgl. *Frey* (1997), S. 20 f.
[125] *Frey/Osterloh* (2002), S. 24.

Crowding-outs, kommen. Das heißt die internalisierten Normen des Individuums sind nicht selbstbestimmt, sondern von außen vorgegeben und verdrängen somit das durch eigene Anreize gegebene Verhalten[126].

Anhand eines Beispiels von *Frey* soll der Verdrängungseffekt erläutert werden[127]: Die meisten Menschen müssen arbeiten, um ihren Lebensunterhalt zu finanzieren. Wenn schon dieser Zwang besteht, sind einige Menschen motiviert, diese Arbeit besonders gut zu leisten. Durch eine entsprechende Entlohnung werden Anreize gegeben, diese Arbeit auszuüben. Aus diesem Grund ist darauf zu achten, dass die Höhe der Entlohnung nicht die intrinsische Motivation verdrängt, seine Arbeit entsprechend gut leisten zu wollen. Geschieht dies, kann es passieren, dass Arbeitnehmer rational die eigene Maximierung der Entlohnung fokussieren und nicht im Sinne des wirtschaftlichen Wohlergehens der Unternehmung handeln.

Übertragen auf das Steuerzahlerverhalten kann die internalisierte Norm, Steuern zu zahlen, intrinsisch motiviert sein und als Steuermoral bezeichnet werden. Der folgende Abschnitt verdeutlicht die bisherigen Erkenntnisse über die Steuermoral.

3.1.4 Die Steuermoral im Spannungsverhältnis

Abschließend soll erfasst werden, welche Erkenntnisse die bisherige Betrachtung über die Steuermoral geliefert hat. *Beckmann* fasst zwei Aspekte der Steuermoral zusammen. Einerseits entspricht die individuelle Steuermoral der beschränkten Rationalität[128] und andererseits dem gesellschaftlichen Aspekt der intrinsischen Motivation von internalisierten Normen:

> „Menschen *wollen* aus Einsicht oder Erziehung gesellschaftlichen Pflichten genügen, oder sie ziehen Nutzen aus der Zustimmung anderer Gesellschaftsmitglieder […], die sie durch Einhaltung sozialer Normen zu erreichen suchen."[129]

Je nach Umfeld des Steuerpflichtigen kann eine Zustimmung Dritter positiv oder negativ auf die Steuermoral einwirken. Diese Einstellung geht u.a. aus der Abhängigkeit des Individuums von seinem Umfeld hervor. Den gesellschaftlichen Pflichten zu genügen, kann kulturell unterschiedlich aufgefasst werden. Dies

---

[126] Vgl. *Kirchler/Maciejovsky* (2007), S. 213.
[127] Vgl. *Frey* (2004), S. 50.
[128] Vgl. *Beckmann* (2003), S. 152.
[129] *Beckmann* (2003), S. 151.

entspricht dem, was *Schmölders* unter der Steuermentalität versteht[130]. Dabei spielt wahrscheinlich die Angst vor sozialen Sanktionen eine Rolle, wenn Steuerhinterziehung als unsoziales Verhalten bzw. als nicht den sozialen Normen entsprechend betrachtet wird. Der „gebrandmarkte" Steuerhinterzieher kann gesellschaftlich ausgeschlossen werden. Falls gesellschaftlich dieses Verhalten toleriert wird, stellt dies eine Problematik dar, die neben anderen an späterer Stelle unter dem Steuermoraldilemma diskutiert wird.

Es ist festzuhalten, dass von der Steuermoral nicht ohne Weiteres auf das Verhalten geschlossen werden kann. So vermag eine geringe Steuermoral Tendenzen zur Steuerhinterziehung zu implizieren, doch mit einer hohen Steuermoral muss Steuerehrlichkeit nicht in jeder Situation einhergehen[131]. Steuermoral beschreibt ein Spannungsverhältnis der Bewertungen vom regelkonformen und regelverletzenden Verhalten der Steuerpflichtigen als gesellschaftliche oder individuelle Wertvorstellung von dem richtigen Tun. Weiter stellt sie eine institutionelle Regel informeller Art und einen Teil der sozialen Norm dar, die auf das Verhalten der Steuerpflichtigen wirkt[132].

Die Sichtweise nach *Schmölders* hat früh aufgezeigt, welche Bedeutung die Steuermoral hat. Das Verhalten muss nicht zwangsläufig der Einstellung folgen. Doch zeigt sich die Erkenntnis, dass eine positive oder negative Einstellung das Verhalten ändern und beeinflussen kann. Dabei ist die Steuermoral keine Einstellung, die ein Individuum wie in einem sozialem Vakuum trifft[133]. So beschreibt die soziale Repräsentation, dass diese Einstellung von außen her mitbestimmt sein kann. Seien es beispielsweise das Verhalten von anderen Steuerpflichtigen, die gesetzliche Normen oder die Interaktion mit der Finanzverwaltung. Beschreibt die Steuermoral das individuelle Verhalten, dann spielt die intrinsische Motivation mit hinein. Da die intrinsischen Motive neben den extrinsischen Motiven auftreten, kommt beiden Motiven eine wichtige Rolle zu: Sie stehen miteinander in Wechselwirkung und sind bei Individuen unterschiedlich stark ausgeprägt. Die Psychologie kritisiert die rationale Sichtweise der Ökonomie, doch letztlich folgt auch das Zahlen von Steuern, wenn auch beschränkt, rationalem Verhalten. Dieses rationale Verhalten muss nicht zwangsläufig in Steuerhinterziehung oder -widerständen enden.

---

[130] Vgl. dazu Abschnitt 2.3.1.4 „Die Steuerpsychologie".
[131] Vgl. *Schmölders* (1960), S. 110.
[132] Vgl. *Körner/Strotmann* (2006), S. 21 ff.
[133] Vgl. *Kirchler* (2007), S. 102.

Wie die Steuermoral ermittelt wird und in welchem Umfang sie vorherrscht, beleuchtet der folgende Gliederungspunkt.

3.2 Ermittlung und Umfang der Steuermoral

In diesem Abschnitt soll zunächst die Frage geklärt werden, wie die Messungsverfahren zum Bestimmen der Steuermoral durchgeführt werden. Des Weiteren soll der Umfang der Steuermentalität erste Einblicke in die Steuermoral liefern, bevor nationale und internationale Erhebungen der Steuermoral abschließend betrachtet werden.

3.2.1 Bestimmung der Messungsverfahren

Nachdem das tatsächliche Steuerhinterziehungsverhalten in der Realität kaum nachvollziehbar ist, gibt es jedoch eine Reihe von Messungen über die Einstellung zur Steuerhinterziehung - die Steuermoral. Die Einstellung zu dem Steuerdelikt wird über Befragungen ermittelt, da die Steuermoral eine latente Variable ist und somit nicht beobachtet werden kann. Diese Befragungen beruhen in der Regel auf kognitiven Messmethoden, wobei im Hinblick auf die Bewertung bereits innerhalb der Fragestellungen Verzerrungen auftreten können. Es handelt sich um Reizvorgaben, die der Fragensteller mit der Art und Weise der Formulierung lenken kann[134]. Aufgrund der unterschiedlichen Fragestellungen sind die verschiedenen Erhebungen zur Messung der Steuermoral kritisch zu sehen.

3.2.2 Umfang der Steuermentalität

Zunächst sei die Steuermentalität betrachtet, da sie die Wurzel der Steuermoral darstellt und damit unmittelbare Auswirkung hat. Zugleich verfügt sie über eine relative Kontinuität und unterliegt kaum zeitlichen Schwankungen. Über die Steuermentalität, die allgemeine Einstellung zur Besteuerung bzw. gegenüber dem Staat in verschiedenen Ländern, zeigt *Mackscheidt* einen Ergebnisüberblick[135] der steuerpsychologischen Forschung in Anlehnung an *Schmölders*. Der Ergebnisüberblick ist in Abbildung 6 wiedergegeben. Demnach weist England die höchste und Italien die niedrigste Steuermentalität aus. Anhand der

---

[134] Vgl. *Körner/Strotmann* (2006), S. 24 ff.
[135] Vgl. *Mackscheidt* (1994), S. 48 f.

Abbildung 6 können die Gründe für eine unterschiedliche Einstellung der Steuerpflichtigen gegenüber der Besteuerung nachvollzogen werden.

	England	Deutschland	Frankreich	Italien	Spanien
Steuermentalität*	++	-	-	--	+
Steuertechnik	Finanz-verwaltung der „leichten Hand"	strenge Kontrollen	kompetente Finanzbeamte kapitulieren vor negativer Ein-stellung des Bürgers	laxe Finanz-verwaltung	Verzicht auf Kontrollen
Konfrontationsgrad	gering	stark	trotz allem groß	klein, trotzdem Argwohn	klein
Nettoergiebigkeit des Steuersystems	hoch	hoch	niedrig	(sehr) niedrig	(eher) niedrig

* (++) = beste Note, bis (--) = schlechteste Note für die Steuermentalität

Abbildung 6: Internationaler Vergleich der Steuermentalität

Quelle: *Mackscheidt* (1994), S. 49.

Um spezieller auf die Steuermoral eingehen zu können, sollen weitere For-schungsergebnisse empirischer Untersuchungen näher betrachtet werden. Im Jahre 1983 veröffentlichte *Weck* einen Index der Steuermoral in Zusammen-hang mit der ökonomischen Analyse der Schattenwirtschaft[136]. Die Arbeit baut auf *Schmölders* Forschungen auf. In der psychologischen Einstellung gegen-über dem Staat spiegelt sich nach *Weck* die Steuermoral wider[137], allerdings wird somit die Steuermentalität und nicht die Steuermoral dargelegt[138]. Dieser und weitere Einwände gegen die gewählte Messmethode werden, obwohl dieser Index häufig zitiert wird, vorgebracht[139].

3.2.3 Nationale und internationale Vergleiche der Steuermoral

Erste Umfragen zur Steuermoral in Deutschland führte die *Forschungsstelle für empirische Sozialökonomik e.V.* (FORES), gegründet von *Schmölders* 1957, durch. Im Auftrag des Bundes der Steuerzahler Nordrhein-Westfalen e.V. wur-den die Umfragen u.a. 1997, 1999 und 2008 in erweiterten Varianten von der *FORES* wiederholt[140]. Im September 2008 wurden in der repräsentativen Um-

---

[136] Vgl. *Weck* (1983), S. 134.
[137] Vgl. *Weck* (1983), S. 83.
[138] Vgl. dazu Abschnitt 2.3.1.4 „Die Steuerpsychologie".
[139] Vgl. *Körner/Strotmann* (2006), S. 28 f.
[140] Siehe hierzu die Studie der *FORES* (2009).

frage 1.016 Teilnehmer in Deutschland befragt[141]. Konfrontiert mit der Aussage, dass Steuerhinterziehung in keinem Fall moralisch vertretbar sei, stimmten 67 % der Teilnehmer zu - eine Verbesserung zu den 1997 (55 %) und 1999 (62 %) durchgeführten Umfragen[142]. Daraus erschließt sich, dass die Bereitschaft, seine Steuern zu zahlen, in der deutschen Gesellschaft zunimmt. Um zu veranschaulichen, welchen Stellenwert die Steuermoral in Deutschland hat, bedarf es eines internationalen Vergleichs.

Das IAW führte im Auftrag des BMF eine umfangreiche Untersuchung der Steuermoral durch[143]. Auf Basis der Daten des World Value Survey (WVS), die zwischen 1999 und 2001 im Rahmen weltweiter repräsentativer Umfragen zusammengetragen wurden[144], berechnete das IAW die Steuermoral für die OECD-Länder. Die Umfragen fanden nach der Bewertung der Steuerhinterziehung statt. Abbildung 7 zeigt die Steuermoral in ausgewählten Ländern der OECD[145].

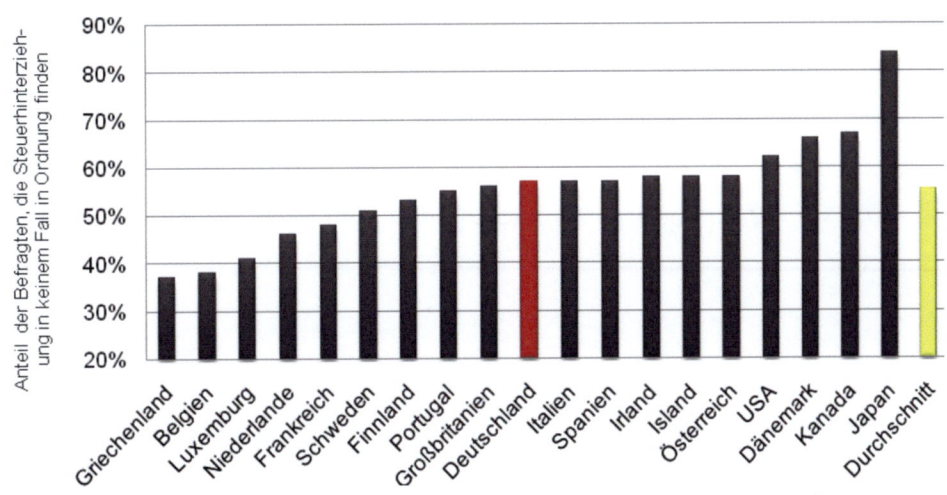

Abbildung 7: Ausmaß der Steuermoral in ausgewählten OECD-Ländern

Quelle: *Körner/Strotmann (2006), S. 39.*

---

[141] Vgl. *FORES* (2009), S. 23.

[142] Vgl. *FORES* (2009), S. 54.

[143] *Körner/Strotmann* (2006), S. 8.

[144] Mindestens 1.000 Teilnehmer wurden in den betrachteten Ländern mittels Face-to-Face-Interviews befragt. Vgl. dazu *Körner/Strotmann* (2006), S. 32 ff.

[145] Die Länder Australien, Neuseeland, Norwegen und die Schweiz werden nicht einbezogen, da für diesen Zeitraum keine Befragung der WVS stattfand. Aufgrund unterschiedlicher institutioneller Rahmenbedingungen und Lebensstandards werden die osteuropäischen Länder sowie Mexiko, Südkorea und die Türkei ebenfalls nicht berücksichtigt. Ergänzend dazu haben in der Türkei drei Viertel der Befragten keine Antwort gegeben. Vgl. dazu *Körner/Strotmann* (2006), S. 35 ff., 95 f. und Fußnote 131.

Im OECD-Vergleich liegt die Steuermoral in Deutschland 1999 bei 57 %. Dies entspricht nahezu dem Durchschnitt der hier abgebildeten OECD-Länder von 55 %. Am besten schneiden Japan, Kanada und Dänemark ab, während Luxemburg, Belgien und Griechenland die niedrigsten Werte aufzeigen. *Körner* und *Strotmann*, die die Untersuchung für das IAW durchführten, begründen ausdrücklich ihre Wahl der WVS-Daten aufgrund der neutralen Fragestellung[146].

Weitere Analysen beschäftigen sich mit dem Einfluss der Steuermoral auf die Größe der Schattenwirtschaft. In einer linearen Regressionsanalyse stellten *Alm* und *Torgler* fest, dass zwischen der Größe der Schattenwirtschaft und dem Ausmaß der Steuermoral, definiert als intrinsische Motivation, eine negative Korrelation besteht[147]. Je höher die Steuermoral in einem Land ausfällt, desto geringer sind nach diesen Berechnungen die schattenwirtschaftlichen Aktivitäten.

Aus der Ermittlung und dem vorgefundenen Umfang der Steuermoral können sich wichtige wirtschaftspolitische Schlüsse ziehen lassen. Wird verstanden, was die Einflussfaktoren sind, die die Steuermoral in einer Gesellschaft steigern, und wie stark diese einzelnen Faktoren wirken, lassen sich daraus gezielte (steuer-)politische Maßnahmen ableiten. Denn mit einer höheren bzw. positiveren Steuermoral kann ein gesteigertes Verhalten zur Steuerehrlichkeit einhergehen. Steuerhinterziehungen und Schwarzarbeit können gesenkt werden.

Wie bereits erläutert, steht der Steuerpflichtige mit seiner Entscheidung, zu welchem Verhalten er tendiert, vor einem sozialen Dilemma. Diese Dilemmasituation lässt sich jedoch ebenfalls bei der Steuermoral feststellen. Wodurch ist das Steuermoraldilemma bestimmt und welche Maßnahmen können dagegen durchgeführt werden? Die individuelle und gesellschaftliche Bewertung der Steuerdelikte muss nicht im Einklang damit stehen, wie die Gesetzgebung die Steuerdelikte beurteilt.

---

[146] Vgl. *Körner/Strotmann* (2006), S. 27 und 33 f.
[147] Vgl. *Alm/Torgler* (2006), S. 241 ff.

3.3 Ursachen und Maßnahmen des Steuermoraldilemmas

Im Mai 2003 veranstaltete die *Friedrich-Ebert-Stiftung* eine Tagung mit dem Titel: „Volkssport Steuerhinterziehung?". Einleitende Worte verwiesen auf das Bild in der Öffentlichkeit, in der eine latente „Sympathie für Steuerhinterzieher und Steuerhinterziehung" herrscht und ausschließlich Steuern von den „Dummen und Ehrlichen" gezahlt werden[148].

Wie wirken derartige gesellschaftliche Ansichten auf die moralische Bewertung des Steuerzahlerverhaltens? In der Einstellung zum Steuerdelikt zeigt sich die Steuermoral. Steuerhinterziehung zu betreiben ist gesetzeswidrig und wird juristisch verfolgt[149]. Trotzdem besteht in verschiedenen Gesellschaften eine asymmetrische Bewertung der Steuerdelikte. Die Ansicht, dass Steuerhinterziehung als Kavaliersdelikt gilt, ist weit verbreitet. Die Stellung der Steuerhinterziehung rangiert im Verhältnis zu anderen Delikten als gesellschaftlich, bis zu einem gewissen Grad, toleriertes Verhalten[150]. Es mangelt an einem Gefühl für Recht und Unrecht[151]. Diese asymmetrische Bewertung in der Gesellschaft stellt Steuerhinterziehung als ein geringfügiges Delikt dar. Verschiedene Untersuchungsergebnisse zeigen diese asymmetrische Bewertung. Nach diesen Resultaten sollte ein Diebstahl in gleicher finanzieller Höhe wie ein Steuerhinterziehungsdelikt härter bestraft werden[152].

Die deutschen Steuerzahler sehen ihre Ehrlichkeit nicht genügend honoriert: 45 % sind der Meinung, dass „der Ehrliche am Ende der Dumme sei" und immerhin noch 38 % empfinden Mitleid gegenüber den Steuerehrlichen[153]. Empirische Studien der *FORES* dokumentieren ein Steuermoraldilemma. Steuerhinterziehung sei generell unmoralisch, äußern 67 % der Befragten. Nahezu die Hälfte der Interviewten findet jedoch, aufgrund der ungerechten Steuergesetze sei Steuerhinterziehung gerechtfertigt. Somit wird Steuerhinterziehung als unmoralisch angesehen, aber durch die Ungerechtigkeit der Steuergesetze

---

[148] *Friedrich-Ebert-Stiftung* (2003), S. V.

[149] Je nach Höhe der Hinterziehung kann es sich um eine Ordnungswidrigkeit oder bei gravierenden Fällen um eine Straftat handeln. In Deutschland ist sie jedoch nicht im Strafgesetzbuch zu finden, sondern in der Abgabenordnung (§ 370 Abgabenordnung). Die Ordnungswidrigkeit wird mit Geldstrafen geahndet und die Straftat mit einer Freiheitsstrafe von bis zu zehn Jahren.

[150] Vgl. *Schmölders* (1960), S. 101 f.; *Schmölders* (1975), S. 126 ff.; *Kirchler* (1995), S. 286; *Franzen* (2008a), S. 72.

[151] Im Sinne des juristischen Terminus, vgl. *Schmölders* (1975), S. 116 f.

[152] Vgl. *Kirchler/Maciejovsky* (2007), S. 216; siehe ebenfalls zur gesellschaftlichen Bewertung *Schmölders* (1960), S. 106 f.

[153] Vgl. *FORES* (2009), S. 50 f.

legitimiert. Dabei zeichnet sich allerdings eine positive Trendwende im Vergleich zu den vorherigen Umfragen ab[154].

Wodurch entsteht eine solche Misere der Steuermoral? Das Unrechtsempfinden kann zum Teil subjektiv in der Komplexität der Steuergesetze bzw. in dem Steuersystem schlechthin begründet sein.

Der Sprachwissenschaftler *Moser* unterzog Steuergesetze einer kritischen Analyse. Er machte die Feststellung, dass die Steuergesetze für den gewöhnlichen Steuerzahler kaum nachvollziehbar seien und die sprachliche Gestaltung an Fachleute gerichtet sei. Lange und komplizierte Sätze, die hohe Abstraktheit der Sprache, Verwendung von Abkürzungen seien u.a. die Ursachen für die sprachliche Komplexität der Steuergesetze[155].

Auf Seiten des Staates attestierte bereits *Schmölders* vor 50 Jahren den Politikern der Regierung einen fehlenden Sachverstand bei der komplizierten Materie der Steuerpolitik[156]. Den weltweit vielschichtiger werdenden Wirtschaftsverflechtungen folgen die Steuergesetzgebungen, um die Steuereinnahmen zu sichern. Selbst bei den Finanzverwaltungen zeigt sich der demoralisierende Zustand überfordernder Komplexität in der unterschiedlichen Behandlung des Einzelfalls aufgrund der Doppeldeutigkeit und dem Interpretationsspielraum von Steuergesetzen. Das Ausnutzen von Schlupflöchern oder die kreative Auslegung von Sachverhaltsgestaltungen[157], bleibt meist ein Vorbehalt von „Großverdienern". Diese sind in der Lage (Steuer-)Experten zu engagieren, um die eigene Steuerbelastung bestmöglich zu reduzieren. Selbst unter den Experten im Steuerrecht herrscht eine intensiver werdende Spezialisierung auf bestimmte Steuersachgebiete. Ein Gefühl der Hilflosigkeit kann bei den gewöhnlichen Steuerzahlern auftreten, die nicht in der Lage sind, die komplizierte Steuergesetzgebung zu verstehen oder Experten zu engagieren. Dies führt zu Frustration sowie Resignation und endet in einer schlechteren Steuermoral[158].

Abgesehen von der Reduzierung der Komplexität stehen verschiedene Maßnahmen der Steuerpolitik zur Verfügung, um das Steuermoraldilemma zu be-

---

[154] Vgl. *FORES* (2009), S. 54.
[155] Vgl. *Moser* (1994), S. 171 ff.
[156] *Schmölders* (1960), S. 20 f.
[157] Im Englischen als „creative financial engineering" bezeichnet. Siehe dazu *Kirchler* (2007), S. 12.
[158] Vgl. *Kirchler* (2007), S. 5 ff.

grenzen, andere können dieses sogar noch intensivieren. Eine dieser Maßnahmen zur Förderung der Steuermoral und der Staatseinnahmen kann – paradoxerweise - das Gewähren einer Steueramnestie sein. Die deutsche Steuerpolitik hat einen mäßigen fiskalischen Erfolg bei ihrer Durchführung festgestellt[159]. Welche Wirkungen die Steueramnestie auf die Steuermoral hat, gilt es als Nächstes zu betrachten.

Mit einer Steueramnestie verfolgt der Staat das Ziel, reumütige Steuersünder wieder in den Kreis der redlichen Steuerzahler zu integrieren. Dies kann kurzfristig das Steueraufkommen steigern und bei dauerhafter Integration auch zum Langzeiterfolg führen. Doch wie wirkt sich das Gewähren einer Amnestie auf die bisher ehrlichen Steuerzahler aus? Die Einstellung, dass Steuerhinterziehung ein Kavaliersdelikt sei, kann durch Amnestieregelungen verstärkt werden. Die Reputation des Staates sinkt, da er sich mit keinen anderen Maßnahmen zu helfen weiß. In einem äußersten Fall könnte die Steueramnestie sogar strategisch ausgenutzt werden. Steueramnestie kann eine Art „Schlag ins Gesicht" für ehrliche Steuerzahler sein und untergräbt somit die Steuermoral[160].

Wie das Steuermoraldilemma aufzeigt, wird die Steuermoral von vielschichtigen, meist subjektiven Einflussfaktoren bestimmt. Für die Steuerpolitik können das Erkennen und Verstehen der verschiedenen Einflussfaktoren wichtige Determinanten darstellen, um eine positivere Steuermoral zu generieren. Dabei soll festgehalten werden, dass es nicht das Konzept der Steuermoral gibt, sondern diese von verschiedenen Einflussfaktoren bestimmt wird. Vor allem interkulturelle Differenzen und die subjektive Perspektive des Steuerpflichtigen sind zu berücksichtigen. Wenn die Steuerpolitik dies beachtet und versucht, eine Untergrabung der Steuermoral zu vermeiden, kann eine höhere Steuerehrlichkeit mit einer gesteigerten Steuermoral einhergehen. Deshalb sollen diverse Einflussfaktoren der Steuermoral genauer analysiert und ihre Wirkung auf die Steuermoral betrachtet werden.

---

[159] Die ursprünglich erwarteten Einnahmen des Gesetzes zur Förderung der Steuerehrlichkeit durch die Steueramnestie sind nicht erreicht worden. Vgl. dazu *Bundesministerium der Finanzen* (2005), S. 43.

[160] Vgl. Torgler (2004), S. 173 f.; ebenfalls zur Steueramnestie und zu ihrer Wirkung auf die Steuermoral siehe *Andreoni/Erard/Feinstein* (1998), S. 853 f. und *Kirchler* (2007), S. 89.

4. Einflussfaktoren der Steuermoral

Im folgenden Kapitel sollen die Einflussfaktoren der Steuermoral analysiert und auf ihre Wirkung hin untersucht werden. Die Einflussfaktoren sollen Aufschluss darüber geben, wovon die Steuermoral beeinflusst wird. Dabei ist herauszustellen, welche der Bedingungen die Steuermoral stärken oder schwächen können. Es gilt, diese zu diskutieren und die empirischen sowie theoretischen Determinanten aufzuzeigen. Zahlreiche Untersuchungen haben sich mit möglichen Faktoren und deren Einfluss auf die Steuermoral befasst. Die Interaktion zwischen den staatlichen Institutionen und den Steuerpflichtigen steht vor allen Dingen im Mittelpunkt neuerer Studien. Aufgrund dessen werden diese am Ende des Kapitels separat vorgestellt.

4.1 Diverse empirische und theoretische Determinanten

Die Forschung verfolgt die Determinanten der Steuermoral in zahlreichen Analysen. Mehrere Einflussfaktoren treten gleichzeitig und mit unterschiedlicher Gewichtung, vor allem aus der subjektiven Perspektive, auf. Aufgrund der Fülle an Untersuchungen zur Steuermoral kann hier nur eine Auswahl getroffen werden, im Bewusstsein, dass nicht alle relevanten Determinanten oder empirischen Studien einbezogen werden können.

Aktuelle Debatten in der Gesellschaft und Politik über Steuerhinterziehung zeigen den Stellenwert der Steuermoral auf. Aus sozialpsychologischer Sicht werden als Erstes die während der Sozialisation erworbenen Normen betrachtet; einhergehend mit der Frage, welche sozioökonomischen bzw. soziodemographischen Merkmale Steuerhinterzieher aufweisen und ob es den „typischen" Steuerzahler oder Steuerhinterzieher gibt. Nachfolgend wird die objektive und subjektive Steuerbelastung untersucht, die unmittelbar an die Frage nach der gerechten Besteuerung anknüpft. Wie wird Gerechtigkeit beurteilt und wie wirkt die Belastungsverteilung auf die Zensiten? Des Weiteren werden Rahmenbedingungen eines politischen Systems betrachtet. Insbesondere, ob Länder mit Mitbestimmungsrechten der Bürger oder einem dezentralen Staatsaufbau eine höhere Steuermoral aufweisen. Abschließend soll die Transparenz staatlicher Ausgaben unter die Lupe genommen werden, um einen Übergang zur Interaktion von Steuerpflichtigen und Finanzverwaltung zu bilden.

4.1.1 Normen und sozioökonomische Eigenschaften

Der Staat gibt die Normen vor, indem er Steuergesetze beschließt und für deren Ausführung Sorge trägt. Abgesehen von formal vorgegebenen Normen, bilden sich für Individuen durch die Sozialisation erworbene Normen informeller Art. Deren Anerkennung und Umsetzung ist unterschiedlich zu beurteilen, da sie Wertvorstellungen des Individuums oder der Gesellschaft darstellen. Zwischen geltendem Steuerrecht und diesen Wertvorstellungen steht die Steuermoral[161]. Hier soll der Einfluss der Normenbildung untersucht werden sowie die Einstellung zur Normenbindung und nicht die Normenbefolgung im Sinne des Gesetzes.

Unter der sozialen Repräsentation nach *Kirchler* sind drei Stufen der Normenbildung zu unterscheiden. Auf der persönlichen Ebene sind Normen internalisierte Verhaltensregeln, während auf zweiter Ebene die soziale Bezugsgruppe das Verhalten mitbestimmt. Die dritte Ebene beschreibt die nationale Ebene, in der die Normen als kulturelle Standards die aktuelle Gesetzgebung widerspiegeln. Die Anerkennung dieser Normen betrifft insbesondere die Beziehung zwischen den Bürgern, dem Staat und der Verwaltung und soll dazu beitragen, die soziale Distanz untereinander zu reduzieren[162].

Diese Normen haben einen ersetzenden und/oder ergänzenden Einfluss auf formales Recht. Es besteht jedoch auch die Möglichkeit, dass das Recht in einer Wechselwirkung umgekehrt soziale Normen beeinflusst[163]. Interkulturelle Differenzen können trotz gleicher Steuersysteme auftreten. Durch soziale Normen und den Respekt gegenüber geltendem Recht lässt sich die Steuermoral zu einem Teil erklären.

Wird die Bezugsgruppe bei der sozialen Normenbildung der Zensiten analysiert, spielt das Verhalten innerhalb dieser Bezugsgruppe, z.B. des Freundes- oder Bekanntenkreises, aber auch das potenzielle Verhalten anderer Steuerpflichtiger, für die Normenbildung eine Rolle. Die subjektive Einschätzung ist der Indikator für die Steuermoral und somit abhängig von diesem Werturteil innerhalb der Bezugsgruppe. Der Zensit kann sein illegales Verhalten auf diese Weise legitimieren. Der kausale Zusammenhang zur Steuermoral ist gegeben. Jedoch bleibt die Frage offen, welcher Umstand zuerst eingetreten ist. Steuer-

---

[161] Vgl. *Take* (2006), S. 387 f.
[162] Vgl. *Kirchler* (2007), S. 70 f.
[163] Vgl. *Torgler* (2008), S. 1251 f.

hinterziehung impliziert eine negative Steuermoral und eine negative Steuermoral kann wiederum zur Steuerhinterziehung führen[164].

Neben dem Verhalten anderer Steuerzahler wirkt sich auch der Einfluss von
Religion in diesem Zusammenhang bzgl. der Normenbildung und -bindung aus.
Religiöse Menschen zeichnen sich nach *Prinz* durch ein Zugehörigkeitsgefühl
zu einer Glaubensgemeinschaft und einer außergewöhnlichen Kooperationsbereitschaft, die gegen das Free-Rider-Verhalten spricht, aus[165]. In religiösen
Wertvorstellungen sind das Angeben falscher Tatsachen („Lügen“) und das
Unterschlagen von Kapital („Stehlen“) kein toleriertes Verhalten. Die Annahme,
dass religiöse Menschen eine höhere Steuermoral aufweisen und Steuerhinterziehung ablehnen, wird durch die Empirie bestätigt[166].

Schmölders stellte bereits fest, dass die Steuermoral dem rationalen Verhalten
nicht bedingungslos entspricht, sondern vielmehr eine individuelle Einstellung
unter der Berücksichtigung persönlicher Umstände ist. Diese ist von moralischen Einstellungen, der Abhängigkeit von Normen und besonders durch
Persönlichkeitsmerkmale bestimmt[167].

Persönliche Merkmale sind immer wieder Gegenstand empirischer Untersuchungen, in denen nach „typischen“ sozioökonomischen Eigenschaften von
Steuerhinterziehern gefragt wird. *Franzen* stellt die Ergebnisse mehrerer Analysen zu einem „Prototyp“ der Steuerhinterzieher zusammen. Demnach neigen
vorwiegend junge selbstständige Männer mit qualifizierter Ausbildung zur Steuerhinterziehung. Eine schlechte Einstellung gegenüber der Besteuerung aufgrund des Alters liegt wahrscheinlich an den potenziellen Steuerzahlungen in
der Zukunft und einer geringeren Risikoaversion. Ebenso korreliert das Eingehen von Risiken geschlechtsspezifisch zu Lasten der Männer. Im Gegensatz
dazu fürchten tendenziell ältere Menschen eine soziale Sanktion. Weiterhin sind
Bildung und Beruf eng verknüpfte Determinanten, die positiv mit Steuerhinterziehung korrelieren. Einen Sonderstatus unter den Berufsgruppen nehmen die
Selbstständigen ein. Aufgrund der selbst erklärten Einkünfte besitzen die
Selbstständigen, im Vergleich zu quellenbesteuerten Einkünften, mehr Chancen
das Steuersystem zu ihrem Vorteil zu nutzen. Dementsprechend weist eine

---

[164] Vgl. *Körner/Strotmann* (2006), S. 57 ff.
[165] Vgl. *Prinz* (2004), S. 533.
[166] Die Signifikanz von Religion anhand von WVS-Daten zeigen *Torgler* (2006), S. 101 und
Körner/Strotmann (2006), S. 84 f.
[167] Vgl. *Schmölders* (1982), S. 90.

Studie in Italien aus, dass über die Hälfte der kontrollierten Einkünfte von Selbstständigen hinterzogen werden[168].

Die Normenbildung und -bindung kann eine Grundeinstellung gegenüber der Besteuerung prägen, die u.a. durch das Verhalten von anderen Steuerzahlern oder die Zugehörigkeit zu einer Religionsgemeinschaft mitbestimmt werden kann. Die Steuermoral spiegelt zudem im hohen Grad persönliche Merkmale wider, die das Verhalten zu charakterisieren versuchen. Die sozioökonomischen Eigenschaften weisen zwar einen „Prototyp" auf, dessen enthaltene Aussage über die Steuermoral kann jedoch nur punktuell Erkenntnisse liefern. Unabhängig von persönlichen Charakteristika kann die Steuermoral negativ beeinflusst werden, wenn die Steuerbelastung als zu groß empfunden wird.

4.1.2 Steuerbelastung

Inwiefern die Steuerbelastung der Zensiten zu Steuerwiderständen bzw. -aufständen führt, ist in der Historie zur Genüge belegt worden. Somit spiegelt sich ihr prägender Faktor in der allgemeinen, aber speziell in der individuellen Einstellung gegenüber der Besteuerung wider. Es ist zu unterscheiden zwischen einer subjektiven und einer objektiven Steuerbelastung. Letztere ist die Summe aller direkten und indirekten Steuern sowie Sozialabgaben, die das Bruttorealeinkommen kürzen[169]. Die subjektive Steuerbelastung beschreibt die empfundene Höhe der Steuer, die nicht mit der tatsächlichen Höhe übereinstimmen muss.

Aus finanzwissenschaftlicher Sicht wurde versucht, eine Relation zwischen der objektiven Steuerlast und der Steuermoral zu ziehen[170]. Je höher die Steuerbelastung, desto negativer ist die Einstellung bzw. Motivation, seiner persönlichen Steuerpflicht nachzukommen. Verschiedene Erfahrungen weisen darauf hin, dass diese Relation nicht alleine ausschlaggebend ist, da die zumutbaren Höchstgrenzen der Besteuerung, „the psychological breaking point"[171], im zeitlichen Verlauf immer wieder korrigiert wurden[172].

Empirische Evidenz zeigt sich für den Bereich der Schattenwirtschaft. Je höher die Steuer- und Abgabenbelastung, desto größer die Schattenwirtschaft.

---

[168] Vgl. *Franzen* (2008b), S. 95. Weitere sozioökonomische Eigenschaften weisen *Körner/ Strotmann* (2006), S. 113 ff. und die Studie von *FORES* (2009) aus.
[169] Vgl. *Schmölders* (1960), S. 80.
[170] Vgl. *Schmölders* (1960), S. 79 f.
[171] *Schmölders* (1975), S. 106.
[172] Vgl. *Mackscheidt* (2004), S. 21; *Kirchler* (2007), S. 74.

Daraus resultiert jedoch ein Teufelskreis. Denn steigt die Schattenwirtschaft infolge erhöhter Steuer- und Abgabenbelastung, entgehen dem Staat Steuereinnahmen, die er durch weitere Belastungen versucht zu kompensieren. Schlussendlich mit der Folge, dass das Ausmaß der Schattenwirtschaft weiter zunimmt[173]. Der Ökonom *Laffer* stellt bei der Einkommensbesteuerung die These auf, dass das Senken der Steuersätze zu einem steigernden Effekt des Steueraufkommens führe[174]. Folglich könnte aus der empirischen Evidenz der Schattenwirtschaft und der These *Laffers* hergeleitet werden, dass die Steuermoral steigen/sinken würde, da die Einstellung aufgrund niedriger/höherer Steuersätze positiver/negativer ausfällt. Diese Schlussfolgerung kann allerdings nicht uneingeschränkt gezogen werden.

Aus makroökonomischer Sicht zeigen *Körner* und *Strotmann*, dass zunächst nicht nur die Steuerquote, sondern auch die Abgabenquote in die Analyse miteinbezogen werden sollte. Jedoch ist die Signifikanz zwischen Steuerquote und Steuermoral im Ländervergleich nahezu null und selbst bei der Abgabenquote bleibt es bei einem geringen Signifikanzniveau, denn eine hohe Steuermoral kann mit einer hohen Steuer- oder Abgabenquote einhergehen. Beispielhaft seien die skandinavischen Länder genannt, in denen eine hohe Belastung der Steuerpflichtigen mit einer hohen Steuermoral einhergeht[175]. Dies zeigt auf, dass die Abgabenbelastung nicht alleine betrachtet, sondern auch andere Faktoren damit in Verbindung gebracht werden sollten.

Die objektive Steuerbelastung mag nachvollziehbar sein, doch wie vorurteilslos nimmt der Steuerpflichtige seine Belastung wahr? Das Bindeglied zwischen der objektiven Steuerbelastung und der Steuermoral liegt nach *Schmölders* in der subjektiven Steuerbelastung[176]. Es können erhebliche Unterschiede bei der Wahrnehmung auftreten, so dass die tatsächliche Steuerlast nicht alleine entscheidend für das Belastungsgefühl der Steuerpflichtigen ist. *Schmölders* führt eine Reihe an Faktoren auf, wie u.a. die Gegenleistung des Staates, die Kontinuität[177] oder die Merklichkeit[178] der Besteuerung.

---

[173] Vgl. *Schneider/Torgler/Schaltegger* (2008), S. 67.
[174] Vgl. *Mackscheidt* (2004), S. 21.
[175] *Körner/Strotmann* (2006), S. 60 ff.
[176] Vgl. *Schmölders* (1975), S. 107.
[177] Zum Begriff der Kontinuität bzw. des Gewöhnungseffekts nimmt *Schmölders* Bezug auf die *Canard'sche* Steuerregel - eine Steuerweisheit, nach der es heißt: „Alte Steuern sind gute Steuern". Vgl. *Schmölders* (1960), S. 79; *Schmölders* (1975), S. 107.
[178] Vgl. dazu Abschnitt 2.3.1.4 „Die Steuerpsychologie".

Zunächst ist zu klären, was die Steuerpflichtigen unter der Steuerbelastung verstehen. Nach den bereits vorgestellten Umfragen der *FORES* verstehen 16 % der Teilnehmer unter der Steuerbelastung lediglich die Lohn- oder Einkommensteuer. Über die Hälfte ist sich darüber bewusst, dass sämtliche Steuern und Abgaben unter die Steuerbelastung fallen, jedoch erfolgt keine Differenzierung zwischen direkten und indirekten Steuern sowie den Sozialabgaben[179]. Besonders anzumerken ist, dass das Verständnis, was unter die Steuerbelastung fällt, noch nichts über das Bewusstsein über die konkrete Höhe der Steuerbelastung aussagt. Die indirekte Steuerbelastung durch Verbrauchsteuern wird bei steigendem Einkommen in stärkerem Maße unterschätzt[180]. Seit geraumer Zeit wird die subjektive Einschätzung der Steuerbelastung von über vier Fünfteln der deutschen Bevölkerung als zu hoch empfunden[181].

In der Steuerwirkungslehre werden u.a. neben der Überwälzung von Steuern die Zusatzlasten der Besteuerung[182] betrachtet, die ebenfalls das subjektive Belastungsgefühl der Zensiten tangieren können. Vor allem treten Opportunitätskosten in Form monetärer und psychologischer Belastungen, der legalen Vermeidung oder Befolgung, auf. Monetäre Belastungen für Buchhaltung, Steuerberater, Wirtschaftsprüfer usw. oder nichtmonetäre psychologische Belastungen für Gewissensbisse der Zensiten, Verdächtigungen und Kontrollen der Finanzverwaltung. Bei Steuerreformen, mit denen Steuerrechtsänderungen oder Umgestaltungen der Sachverhalte einhergehen, kann das Belastungsgefühl gestört und als hinzukommende Komplizierung verzerrt wahrgenommen werden[183]. Dementsprechend können die zusätzlichen Lasten der Entrichtungskosten als individueller Wohlfahrtsverlust empfunden werden. Indirekt können Opportunitätskosten durch verzerrte Allokationsentscheidungen infolge von Steuern auftreten, bei denen der Steuerpflichtige seine optimale Entscheidung erst nach der Besteuerung trifft[184]. Dies kann zu einer negativen Steuermoral führen, da die veränderte Allokationsentscheidung negativ mit der Besteuerung assoziiert wird.

---

[179] Vgl. *FORES* (2009), S. 31 f.
[180] Vgl. *Schmölders* (1975), S. 113.
[181] Vgl. *FORES* (2009), S. 32 f.
[182] Vgl. *Reding/Müller* (1999), S. 172 ff.
[183] Vgl. *Schöbel* (2008), S. 91 ff. und 142.
[184] Vgl. *Reding/Müller* (1999), S. 175 f.

Die gerechte bzw. faire Verteilung der Steuerlasten fließt ebenfalls, wie die subjektive und objektive Steuerbelastung, in die Einstellung zur Besteuerung mit ein. Die Frage nach der Steuergerechtigkeit und deren Einfluss auf die Steuermoral wird als Nächstes fokussiert.

4.1.3 Gerechtigkeit der Besteuerung

Die aktuelle Umfrage der *FORES* verdeutlicht, dass in Deutschland 65 % der Befragten der Aussage: „Die Besteuerung ist im Großen und Ganzen eher gerecht" ablehnend gegenüberstehen und lediglich 18 % dem zustimmen[185]. Wodurch wird die Gerechtigkeit der Besteuerung beurteilt und wie wird Gerechtigkeit in einem Steuersystem umgesetzt?

Bewertet der Steuerpflichtige nicht nur seine eigene Belastung, sondern auch die anderer Steuerpflichtiger, kann die Einstellung zur Steuerlastverteilung als ungerecht oder gerecht beurteilt werden. Die moralische Bewertung der Besteuerung hängt stark mit der subjektiven Steuergerechtigkeit zusammen[186].

Nach der normativen Steuerrechtfertigungslehre werden verschiedene Prinzipien unterschieden. In den meisten Steuersystemen basiert die Steuergerechtigkeit auf dem Leistungsfähigkeitsprinzip[187]. Demnach erfolgt die Besteuerung nach der individuellen wirtschaftlichen Leistungsfähigkeit. Das Leistungsfähigkeitsprinzip unterteilt sich in horizontale und vertikale Steuergerechtigkeit. Die horizontale Steuergerechtigkeit beschreibt die gleichmäßige Besteuerung, indem gleiche Tatbestände bzw. Sachverhalte mit gleich hohen Steuerlasten belegt werden sollen. Umgekehrt beinhaltet die vertikale Steuergerechtigkeit, dass ungleiche Tatbestände bzw. Sachverhalte mit unterschiedlich hohen Steuerlasten belegt werden sollen[188]. Der Steuerhinterziehung folgt somit ein Verstoß gegen das Leistungsfähigkeitsprinzip.

Die vertikale Besteuerung kann mit einem progressiven, proportionalen oder regressiven Tariftypen erfolgen[189]. Eine Studie in den USA befragte die Teilnehmer, welchen Tarif sie bevorzugen würden und als gerechter bzw. fairer be-

---

[185] Vgl. *FORES* (2009), S. 27 f.
[186] Vgl. *Kirchgässner* (2003), S. 221 f.
[187] Vgl. dazu Abschnitt 2.1 „Ausgangspunkt: Akteure und Steuerzwecke".
[188] Zur ausführlichen Erläuterung von Steuer- bzw. Abgabenerhebungsprinzipien siehe *Reding/Müller* (1999), S. 31 ff. sowie *Homburg* (2007), S. 7 ff. und 195 ff.
[189] Die Tariftypen werden dadurch unterschieden, dass sich bei ansteigender Bemessungsgrundlage der Durchschnittssteuersatz verändert. Der Durchschnittssteuersatz nimmt bei einem progressiven Tarif zu, bei einem regressiven Tarif ab und bei einem proportionalen Tarif bleibt er konstant. Zur ausführlichen Erläuterung siehe *Reding/Müller* (1999), S. 107 ff.

urteilen. Die progressive Besteuerung wurde jeweils der regressiven und proportionalen Besteuerung, der sogenannten Flat-Tax, gegenübergestellt. Bei abstrakten Fragestellungen bevorzugten 75 % der Teilnehmer die progressive Besteuerung gegenüber der Flat-Tax und 80 % gegenüber der regressiven Besteuerung. Zusammenfassend zeigen die Ergebnisse, dass mit einem höheren Einkommen eine höhere Belastung einhergehen sollte. Allerdings wird die progressive Besteuerung oft falsch interpretiert. Folglich geht nach dem Verständnis der Teilnehmer mit einer progressiven Besteuerung eine erhöhte absolute Belastung einher. Im Gegensatz zur proportionalen Besteuerung erhöht sich auch der prozentuale Anteil (Grenzsteuersatz) bei der progressiven Besteuerung. Über den zum Teil schnell ansteigenden prozentualen Anteil der progressiven Steuerbelastung sind sich die Teilnehmer in dem Maße nicht bewusst. Die Fehlinterpretation demonstriert, dass die Einstellung zwischen dem, was gefordert, und dem, was für gerecht gehalten wird, nicht übereinstimmen muss[190].

Eine Studie über die deutsche Einkommensteuer zeigt im Ergebnis ebenfalls diese Fehlinterpretation. Unter den Teilnehmern, die erklärten, dass die proportionale Besteuerung die gerechteste sei, beurteilten wiederum 82,6 %, dass eine gerechte Belastung nur mit der progressiven Besteuerung vollzogen wird[191].

Diese Fehlinterpretation der subjektiven Steuergerechtigkeit kann zur Erosion der Steuermoral führen. Besonders deutlich wurde dies in Deutschland bei der vergangenen Bundestagswahl 2005, als der Reformvorschlag zur Steuervereinfachung durch eine Flat-Tax in der Öffentlichkeit und den Medien rigoros auf Widerstand traf. Die von den Steuerpflichtigen ungerecht empfundene Verteilung der Steuerbelastung wirkt demzufolge stark auf die Steuermoral zurück[192].

Die finanzwissenschaftliche Steuerwiderstandsforschung verdeutlicht, wodurch neben quantitativer Steuerbelastung die subjektive Steuergerechtigkeit besonders beeinflusst wird, und zieht folgende Erkenntnisse[193]:

- Sind hohe Steuerbelastungen notwendig, ist die Steuerlastverteilung in den Fokus zu stellen.

---

[190] Vgl. *Roberts/Hite/Bradley* (1994), S. 184 ff.
[191] Vgl. *Seidl/Traub* (2001), S. 266.
[192] Vgl. *Traub* (2006), S. 9.
[193] Vgl. *Mackscheidt* (2004), S. 27 f.

- Einfache und transparente Steuersysteme können, wenn vom Steuerpflichtigen erkannt, eine gleichmäßige Besteuerung besser realisieren.

Deutlich wirkt sich das subjektive Empfinden, keinerlei Steuerprivilegien zu erhalten, auf die Steuermoral aus. Insbesondere, wenn das eigene Empfinden vermittelt, von diesen ausgeschlossen zu sein, obwohl die Mehrheit der Besteuerten davon profitiert. Dies kann zu einer Wahrnehmungsverzerrung von Steuergerechtigkeit führen.

Neben der finanzwissenschaftlichen Steuergerechtigkeit unterscheidet *Kirchler* drei Formen von Gerechtigkeit aus der Sozialpsychologie und setzt diese in Verbindung mit der Besteuerung[194]:

(1) „Distributive Gerechtigkeit"[195] beschreibt den gerechten Ressourcenaustausch aufgrund von Kosten und Nutzen. Im Sinne der Equity-Theorie[196] werden Kosten-Nutzen-Relationen von den Steuerpflichtigen gezogen. Die geleistete Steuerzahlung wird ins Verhältnis zu den empfangenen öffentlichen Gütern gesetzt. Fühlt sich das Individuum in Bezug auf andere Steuerpflichtige benachteiligt, kann dies zur Verschlechterung der Steuermoral führen.

(2) Eng der distributiven Gerechtigkeit folgend, bezieht sich die „prozedurale Gerechtigkeit"[197] auf den Prozess der Ressourcendistribution im Hinblick auf die Art und Weise der Verteilung. Wenn die Art der Besteuerung und die Weise, in der sie umgesetzt wird, auf Seiten der Steuerpflichtigen und des Staates als gerecht anerkannt werden, ist das prozedurale Gerechtigkeitsempfinden hoch. Die Steuermoral wird demzufolge beeinflusst, indem ein respektvoller Umgang auf Basis der Anerkennung der Gerechtigkeitsprinzipien erfolgt und somit ein kooperatives Verhalten angestrebt wird.

(3) Zuletzt stellt die „retributive Gerechtigkeit"[198] die wahrgenommene Angemessenheit von Sanktionen bei Fehlverhalten dar. Die Sanktion bezieht sich auf die gesetzliche sowie soziale Sanktion innerhalb der Gesellschaft. Die Wahrnehmung, dass illegale Steuerwiderstände kein toleriertes Verhalten von Seiten des Staates und der Gesellschaft darstellen, spiegelt sich in der Höhe der

---

[194] *Kirchler* (2007), S. 75 f. Ebenfalls zu Gerechtigkeitsprinzipen aus sozialpsychologischer Perspektive und dem Zusammenhang mit der Legitimation von Steuerprivilegien im deutschen Einkommensteuergesetz siehe *Witte/Mölders* (2007).
[195] Vgl. *Frey/Torgler* (2002), S. 133; *Kirchler* (2007), S. 78 ff.
[196] Zur ausführlichen Erläuterung der Equity-Theorie siehe *Walster/Walster/Berscheid* (1978).
[197] Vgl. *Kirchler* (2007), S. 84 ff.
[198] Vgl. *Kirchler* (2007), S. 87 ff.

Steuermoral wider. Eine Maßnahme zur Gewährleistung der retributiven Gerechtigkeit kann z.B. die Steueramnestie sein[199].

Diese drei Gerechtigkeitsprinzipien sind aus Sicht der Sozialpsychologie mit der Besteuerung verbunden. Im Besonderen werden an späterer Stelle die distributive Gerechtigkeit unter dem Aspekt der Transparenz der öffentlichen Ausgaben und die prozedurale Gerechtigkeit in Bezug auf die Interaktion mit den staatlichen Institutionen betrachtet.

Die Betrachtung der Gerechtigkeit der Besteuerung verdeutlicht: Je höher die Wahrnehmung der Steuergerechtigkeit ausfällt, desto positiver ist die Steuermoral und geringer die Steuerhinterziehung. Die Steuermoral steigt, wenn die Besteuerung subjektiv als gerecht beobachtet und erlebt wird. Weitere Einflussfaktoren, die ebenfalls mit der Gerechtigkeit zusammenhängen, können die Rahmenbedingungen sein, die vor allem durch das politische System bestimmt sind.

4.1.4 Rahmenbedingungen des politischen Systems

An dieser Stelle sollen verschiedene Einflussfaktoren der Steuermoral untersucht werden, die aus Rahmenbedingungen des politischen Systems entstehen. Ausgehend von einem demokratischen System können insbesondere direktdemokratische Beteiligungsmöglichkeiten oder die Dezentralität des Staatsaufbaus das Ausmaß der Steuermoral beeinflussen[200].

Im Wesentlichen liegt der Effekt von direktdemokratischen Mitteln darin, dass die Entscheidung nicht für die Bürger, sondern von den Bürgern getroffen wird. Die Steuerpflichtigen können einen aktiven Einfluss auf die Ausgestaltung des Steuersystems nehmen[201]. Verschiedene Studien sind in der Schweiz durchgeführt worden, da die Mitbestimmungsrechte dort sehr ausgeprägt sind.

Pommerehne und *Weck-Hannemann* untersuchten in 25 schweizerischen Kantonen u.a. die Auswirkung von politischen Mitbestimmungsrechten der Bürger auf die Steuerhinterziehung. Die Studie zeigt auf, dass die Steuermoral positiv durch politische Mitbestimmungsrechte beeinflusst wird[202].

---

[199] Zu dem Einfluss der Steueramnestie auf die Steuermoral vgl. Abschnitt 3.3 „Ursachen und Maßnahmen des Steuermoraldilemmas".
[200] Vgl. *Frey* (2004), S. 53 ff.
[201] Vgl. *Pommerehne/Weck-Hannemann* (1996), S. 168; *Torgler* (2004), S. 167 f.
[202] Vgl. *Pommerehne/Weck-Hannemann* (1996), S. 161 ff.; empirische Evidenz im internationalen Vergleich zeigen gleichermaßen *Körner/Strotmann* (2006), S. 81 ff.

Kirchgässner belegt ebenfalls, dass die sogenannten Volksrechte in der Schweiz besonders ausgeprägt sind[203]. Die unterschiedliche Ausgestaltung in den Kantonen ist einzigartig und zeigt ein differenziertes Bild der Steuermoral. Obwohl die Schweiz im internationalen Vergleich eine niedrige Steuermoral ausweist, besitzen die Kantone mit starken Volksrechten eine hohe Steuermoral. Wie stark der Einfluss von direktdemokratischen Mitteln auf die Steuermoral ist, bleibt jedoch ungewiss. Es ist daher zu beachten, dass der Steuerpflichtige sein Vertrauen in den Staat durch Mitbestimmungsrechte ausbauen kann, um von der Perspektive des Eigennutzes abzuweichen. Die Steuerpflichtigen sind bereit, einen „Beitrag zu den staatlichen Aufgaben zu leisten, da stärker ausgebaute direkte Volksrechte – ceteris paribus – eine höhere Steuermoral und weniger Steuerhinterziehung bewirken."[204]

Weitere empirische Resultate zeigen, dass eine höhere Steuermoral mit einem dezentralen Staatsaufbau korreliert[205]. Der Einfluss besteht in der Identifikation mit den staatlichen Institutionen. Besitzen die Bürger eine intensive Nähe zu den staatlichen Institutionen, fühlen sich die Bürger stärker mit diesen identifiziert. *Schmölders* verwies bereits darauf, dass sich ein Zugehörigkeitsgefühl positiv auf die Steuerzahlung auswirkt[206]. Ein föderaler Staatsaufbau kann das Gefühl von einem anonymen Staat abschwächen. Diese Identifikation erfolgt u.a. durch Stolz, Loyalität und Vertrauen. In Deutschland verbindet 57 % der Bürger ein Zugehörigkeitsgefühl zu ihrem Stadtteil oder Ort, 12 % hingegen identifizieren sich mit der Bundesrepublik und lediglich 2 % mit Europa[207]. Je stärker das Zugehörigkeitsgefühl durch einen dezentralen Staatsaufbau ausgeprägt ist, desto positiver fällt die Steuermoral aus.

Die von der Politik gesetzten Rahmenbedingungen können ebenfalls bestimmen, welche ökonomische Umwelt für eine marktwirtschaftliche Grundordnung herrscht. Internationale Unterschiede in der Steuerehrlichkeit zeigen sich durch die Einflussfaktoren der Steuermoral. Eine hohe Steuermoral kann, aufgrund der Garantie von ökonomischen Rechten und Sicherheit, Steuerhinterziehung verdrängen. Steuerehrlichkeit kann durch einen hohen ökonomischen Frieden,

---

[203] Vgl. *Kirchgässner* (2007), S. 39 f.
[204] *Kirchgässner* (2007), S. 59.
[205] Vgl. u.a. *Körner/Strotmann* (2006), S. 81; *Güth/Levati/Sausgruber* (2005), S. 185 f.
[206] Vgl. *Schmölders* (1960), S. 144 ff.
[207] Zu dem Zugehörigkeitsgefühl der Deutschen im Jahr 1999 vgl. *Körner/Strotmann* (2006), S. 151 f.

effektive Wettbewerbsrechte, Gleichheit am Kapitalmarkt und eine niedrige Kriminalitätsrate gefördert werden. Diese Determinanten der Steuermoral fördern die Perspektive der Bürger, weg von einem Gefühl der Belastung durch Steuern, hin zu einem Beitrag zur Bürgerpflicht und Gemeinschaft[208]. Ebenso fließen Determinanten, wie die Korruption in einer Volkswirtschaft sowie die Regulierungsdichte, vor allem in Bezug auf die Schattenwirtschaft, in die Steuermoral mit ein[209].

Der Staat kann abgesehen von den Rahmenbedingungen des politischen Systems, insbesondere durch die Transparenz der öffentlichen Ausgaben und durch das Vertrauen in die Staatsbürger, aktiv die Steuermoral beeinflussen.

4.1.5 Transparenz der öffentlichen Ausgaben

Was im Abschnitt über die distributive Gerechtigkeit ansatzweise betrachtet wurde[210], soll nun unter der Transparenz der öffentlichen Ausgaben fortgeführt werden.

Staatsausgaben werden durch Steuereinnahmen finanziert. Daher liegt der Fokus der Steuerzahler besonders auf den Ausgaben des Staates. Die Transparenz zwischen Steuerzahlung und Verwendung wirkt auf das Empfinden der Steuerpflichtigen. Bei der Steuerzahlung wird eine Art Kosten-Nutzen-Analyse von den Steuerpflichtigen durchgeführt, d.h. sie stellen der Steuerzahlung die empfangenen öffentlichen Güter und Leistungen des Staates gegenüber. Die subjektive Wahrnehmung prägt diese Kosten-Nutzen-Analyse. Die Wahrnehmung wiederum kann positiv oder negativ auf die Steuermoral wirken[211].

Steuerpsychologisch problematisch ist bei der Steuerzahlung, im Gegensatz zu Gütern, die auf dem Markt erworben werden, dass dieser keine äquivalente Leistung gegenübersteht. Es ist ein motivationsloses Zahlen, das einseitig und als Opfer betrachtet wird. Aufgrund dessen stellt es psychologisch einen Strafreiz dar, „dem von vornherein die Tendenz des Widerstandes oder der Vermeidung innewohnt."[212] Wenn die Steuerzahler nicht über Mitbestimmungsrechte verfügen, kann nur ein geringer Einfluss auf die Verwendung der Steuergelder stattfinden. Die Bürger reagieren ohne Mitbestimmungsrechte sensibel auf die

---

[208] Vgl. *Riahi-Belkaoui* (2004), S. 141 f.
[209] Vgl. *Torgler/Schneider* (2009), S. 243.
[210] Vgl. dazu Abschnitt 4.1.3 „Gerechtigkeit der Besteuerung".
[211] Vgl. *Schmölders* (1960), S. 113 f.
[212] *Wiswede* (1995), S. 159.

Ausgabenverwendung. Dabei zeigen jedoch Umfrageergebnisse, dass die Bürger nicht für eine Kürzung der öffentlichen Güter stimmen, sondern für eine effizientere Verwendung. Dabei soll ein gedrosseltes staatliches Budget bei gleichem staatlichem Angebot die Verschwendung von Steuergeldern reduzieren[213]. Das Ergebnis weist dem staatlichen Anspruch von Steuern zunächst eine positive Bewertung zu, unter der Prämisse, dass die Verwendung effizient und mit geringstmöglicher Verschwendung stattfinden soll.

Die Umfrage der *FORES* weist in Deutschland eine Zustimmung von 57 % bei den Befragten darüber aus, dass Steuergelder verschwendet werden. Jedoch in gleicher Höhe zeigen die Befragten eine Einsicht in die Notwendigkeit der Steuererhebung des Staates. Besonders zeigt sich die Steuermoral im Spannungsfeld von Steuerhinterziehung und Verschwendung des Staates. Die Befragten sind zu 62 % der Meinung, dass die Verschwendung des Staates Steuerhinterziehung legitimiert[214]. Einerseits sind die Befragten der Ansicht, dass der Staat die Steuereinnahmen ineffizient verwendet und sogar die Steuerhinterziehung damit legitimiert. Andererseits sehen die Interviewten jedoch die Notwendigkeit von Steuern ein. Diese Bewertung zeigt die Dissonanz innerhalb der Teilnehmer zwischen der Transparenz der Steuerzahlung und Verwendung der Steuereinnahmen. Es ist zu klären, wieso die Steuerzahler den öffentlichen Ausgaben so sensibel gegenüberstehen.

Die Verschwendung kann als Verlust wahrgenommen werden. Nach der Prospect Theory[215] wirkt das Empfinden über einen Verlust intensiver als das Erhalten eines Gewinns in gleicher Höhe. Die Zensiten können sensibel auf die Verschwendung reagieren. Auf der anderen Seite kann es sein, dass die öffentlichen Ausgaben nicht mit dem entsprechenden Wert beurteilt werden. In Deutschland veranschaulicht das sogenannte „Schwarzbuch" des Bundes der Steuerzahler alljährlich die öffentliche Verschwendung. Alleine im Jahr 2008 werden 119 Beispielfälle der öffentlichen Verschwendung beschrieben[216].

Naheliegend scheint die Bedeutung für die Steuermoral. Einerseits sollte der Staat effizient mit den öffentlichen Ausgaben umgehen, andererseits sollte die Öffentlichkeit die Ausgaben dementsprechend wahrnehmen und erkennen,

---

[213] Vgl. *Mackscheidt* (2004), S. 24 ff.
[214] Vgl. *FORES* (2009), S. 28, 51 und 54.
[215] Vgl. dazu Abschnitt 2.2.1.3 „Prospect Theory".
[216] Siehe dazu *Bund der Steuerzahler* (2008).

welche Güter und Leistungen der Staat bereitstellt. Die Transparenz der öffentlichen Ausgaben kann infolgedessen auf die Einstellung der Steuerpflichtigen wirken. Die förderlichste Weise, um die Steuermoral nachhaltig zu stärken, sei „ein sinnvoller Umgang mit den Steuergeldern der Bürger"[217].

4.2. Interaktion mit staatlichen Institutionen

Verschiedene ökonomische und sozialpsychologische Einflussfaktoren wirken auf die Steuermoral der Steuerpflichtigen ein. Diese bisherige Betrachtung verfolgte die Perspektive des Steuerpflichtigen auf seine Steuermoral. Neuere Untersuchungen verlegen die Perspektive ebenso auf die Seite der Finanzverwaltung, die die staatliche Institution im Rahmen der Besteuerung vertritt[218]. Die Interaktion zwischen Steuerpflichtigen und Finanzverwaltung rückt in den Fokus der Betrachtung. Die bisher diskutierten Einflussfaktoren fließen bei der Interaktion mit staatlichen Institutionen zusammen.

Bisher wurde der Steuerpflichtige als potenzieller Nutzenmaximierer bei der Steuerzahlung betrachtet. Wie ist jedoch die Perspektive der Finanzverwaltung?

Zwischen einer „harten" und einer „weichen" Institution soll unterschieden werden. Aus der Perspektive der Finanzverwaltung bedeutet Nutzenmaximierung, die effizienteste Methode zu wählen, um ein maximales Steueraufkommen zu erreichen. Wählt die Finanzverwaltung den Weg einer harten Institution, die auf Abschreckungsmaßnahmen aufbaut, würden z.B. die Kontrollintensität, Strafhöhen und Steuertechniken wie Quellenbesteuerung zunehmen[219]. Daraus kann eine Art „Räuber-und-Gendarm-Mentalität"[220] zwischen Steuerpflichtigen und Finanzverwaltung entstehen, da die Finanzverwaltung einerseits allen Steuerpflichtigen unterstellt, als potenzielle Nutzenmaximierer zu agieren, und andererseits Steuerhinterzieher immer wieder neue Wege der Hinterziehung versuchen würden zu erschließen[221]. Eine vollständige Kontrolle der Steuerpflichtigen wäre, aufgrund der bürokratischen Kosten, ökonomisch nicht durchführbar[222].

---

[217] *Reding/Müller* (1999), S. 577.
[218] Vgl. *Andreoni/Erard/Feinstein* (1998), S. 854 f.
[219] Vgl. *Beckmann* (2003), S. 323 f.
[220] *Kirchler/Pitters* (2007), S. 373.
[221] Vgl. *Kirchler* (2007), S. 190.
[222] Vgl. *Kirchler/Pitters* (2007), S. 369.

Ein Ansatz der harten Institution ist in modernen Demokratien wie Deutschland in seiner äußersten Version nicht durchführbar. Das Ziel einer positiven Steuermoral, mit dem Willen zur Steuerehrlichkeit, kann nicht alleine mittels Abschreckungsmaßnahmen erreicht werden. Im Kern verschiedener theoretischer Ansätze soll der Anreiz zur Steuerehrlichkeit geschaffen werden, indem die Finanzverwaltung als Akteur miteinbezogen wird[223]. Dies soll verstanden werden als Ansatz zu einer weichen Institution durch informale Normen und einer Einsicht zur Bürgerpflicht[224].

Erfolgt ein respektvoller Umgang gegenüber den Steuerpflichtigen, steigt das Vertrauen in die Finanzverwaltung. Die Interaktion zwischen Steuerpflichtigen und Finanzverwaltung kann auf diese Weise kultiviert werden[225]. *Feld* und *Frey* sprechen von einem „psychologischen Steuervertrag" zwischen Steuerpflichtigen und Finanzverwaltung[226]. Der Steuervertrag basiert neben dem rein fiskalischen Austausch auf Loyalität und emotionaler Bindung zwischen den Vertragspartnern. Diese geht über eine einfache vertragliche Austauschbeziehung hinaus, indem die Steuermoral als psychologischer Steuervertrag fungiert. Er basiert weiterhin auf dem fiskalischen Austausch von Steuerzahlung und Gegenleistung in Form von öffentlichen Gütern. Des Weiteren auf den politischen Verfahren, die zu diesem Austausch führen. Zuletzt auf der persönlichen Beziehung zwischen Steuerpflichtigen und Finanzverwaltung.

Hat der Steuerpflichtige das Gefühl, die Finanzverwaltung respektiert den psychologischen Steuervertrag, kann dies zu einer positiven Steuermoral beitragen. Die Reputation des Staates steigt. Ein respektvoller Umgang erfolgt aufgrund der Unterstützung und einer nichtbürokratischen Behandlung seitens der Finanzverwaltung. Wenn die Finanzverwaltung den Steuerpflichtigen nicht als Untergebenen einer hierarchischen Beziehung behandelt, sondern als Partner eines psychologischen Steuervertrages, kann ein Anreiz geschaffen werden, Steuern ehrlich zu zahlen[227].

Empirische Untersuchungen der Finanzverwaltungen in den USA, den Niederlanden und in der Schweiz haben bestätigt, dass eine Kultivierung zwischen den Steuerpflichtigen und der Finanzverwaltung zu mehr Steuerehrlichkeit

---

[223] Vgl. *Schöbel* (2008), S. 291.
[224] Vgl. *Beckmann* (2003), S. 324.
[225] Vgl. *Schöbel* (2008), S. 153 ff.
[226] Vgl. *Feld/Frey* (2007), S. 115 f.
[227] Vgl. *Feld/Frey* (2007), S. 105 ff.

führen kann[228]. Eine empirische Studie über die deutsche Einkommensteuerverwaltung wollte *Schöbel* durchführen. Die Expertenbefragung wurde aufgrund der Entscheidung der obersten Finanzbehörde abgebrochen[229].

Das Slippery-Slope-Modell von *Kirchler* veranschaulicht auf dieselbe Weise die Wirkung einer harten oder weichen Institution, wie in Abbildung 8 wiedergegeben. Durch Vertrauen und Empathie oder durch Macht kann die Kooperation der Steuerpflichtigen erzielt werden. Auf welche Weise die Kooperation zwischen Steuerpflichtigen und Finanzverwaltung erfolgt, bezeichnet das Besteuerungsklima. Es kann ein Besteuerungsklima herrschen, in dem die Steuerehrlichkeit von den Steuerpflichtigen freiwillig erfolgt oder von der Finanzverwaltung erzwungen wird. Die erzwungene Steuerehrlichkeit entsteht durch das Misstrauen der Finanzverwaltung gegenüber den Steuerpflichtigen. In einer „command and control"-orientierten Finanzverwaltung basiert das Besteuerungsklima auf Regulatoren wie Kontrollen und Strafen. Die freiwillige Steuerehrlichkeit entsteht aus dem Vertrauen der Steuerpflichtigen in die Finanzverwaltung. Mittels einer „service and client"-Orientierung kann Empathie von Seiten der Steuerpflichtigen gegenüber der Finanzverwaltung entstehen[230].

---

[228] Vgl. *Schöbel* (2008), S. 153 ff.
[229] Vgl. *Schöbel* (2008), S. 289.
[230] Vgl. *Kirchler* (2007), S. 202 ff.

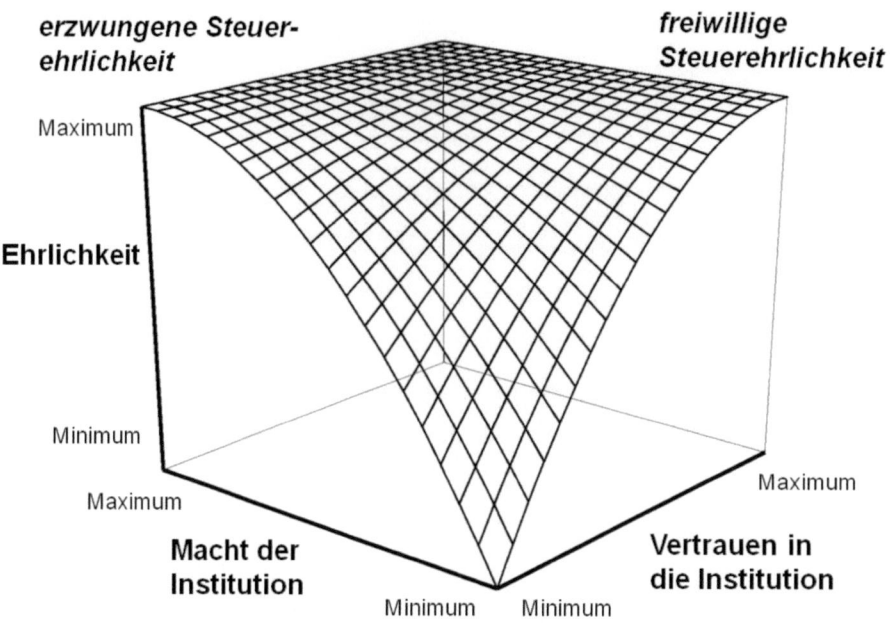

Abbildung 8: Determinanten der Steuerehrlichkeit in Abhängigkeit von der Macht der Institution und dem Vertrauen in die Institution: Das Slippery-Slope-Modell

Quelle: *Kirchler* (2007), S. 205.

Abbildung 8 veranschaulicht in einem dreidimensionalen Raum die Macht der Institution, Vertrauen in die Institution und die dadurch bestimmte freiwillige oder erzwungene Steuerehrlichkeit. Wenn die Macht der Institution sowie das Vertrauen in diese gering sind, kommt es zu Steuerwiderständen und besonders zu Steuerhinterziehung bei den Steuerpflichtigen[231].

Entwickelt die Finanzverwaltung gegenüber den Steuerpflichtigen eine Art Kundenverhältnis, gemäß dem „service and client"-Ansatz, in Form von Empathie, führt diese zur Steigerung der Steuermoral. Der Interaktionsprozess soll in einer transparenten und neutralen Weise gegenüber den Steuerpflichtigen erfolgen. Des Weiteren soll aus einer respektvollen, höflichen und unvoreingenommenen Behandlung resultieren, dass Vertrauen und Zuverlässigkeit in die Finanzverwaltung gestärkt werden können[232].

Die Interaktion mit den staatlichen Institutionen, wie der Finanzverwaltung, prägt die soziale Repräsentation der Steuerpflichtigen. Die Einflussfaktoren der Steuermoral spielen in das Vertrauen gegenüber der staatlichen Institution mit

---

[231] Vgl. *Kirchler* (2007), S. 204 f.
[232] Vgl. *Kirchler* (2007), S. 203 f.

hinein. Die Interaktion mit der Finanzverwaltung kann als ein wichtiger Faktor gebündelter Einflussfaktoren verstanden werden. Eine harte Institution aufgrund von Macht verdrängt die Steuermoral und führt zu einer erzwungenen Steuerehrlichkeit.

Es bleibt die Frage offen, ab welchem Grad der Machtausübung die Steuerpflichtigen sich in Steuerwiderstände begeben. Der angestrebte Ansatz einer freiwilligen Steuerehrlichkeit, einhergehend mit einer hohen Steuermoral, wird voraussichtlich nicht ohne jegliche Kontrolle und Strafe durchführbar sein. Das Slippery-Slope-Modell zeigt graphisch auf, dass exogene und endogene Variablen die Steuermoral zusammen beeinflussen. Wenn beide Variablen gering ausgeprägt sind, kann dies zu Steuerhinterziehungen bei den Steuerpflichtigen führen.

5. Schlussbemerkungen

Die abschließenden Bemerkungen sollen die zu Beginn aufgeworfenen Fragen resümieren und einen Ausblick über mögliche Entwicklungen geben.

Im Mittelpunkt des vorliegenden Buches steht die Steuermoral. Sie spiegelt sich in einer positiven oder negativen Einstellung gegenüber dem Zahlen von Steuern wider. Dabei gilt die Bewertung der Steuerhinterziehung als Indikator für die jeweilige Einstellung. Es ist deutlich zu unterscheiden, dass von der Steuermoral alleine nicht auf das Verhalten zur Steuerehrlichkeit und Steuerhinterziehung geschlossen werden kann. Vielmehr stellt Steuermoral eine individuelle oder gesellschaftliche Einstellung über die Bereitschaft zur Pflichterfüllung dar, in der viele interdependente Faktoren in den Prozess der Bildung einer persönlichen Einstellung mit einfließen.

Das Verhalten der Steuerzahler im Allgemeinen ist vielschichtig und erstreckt sich in interdisziplinäre Dimensionen. In der eingangs erwähnten „Liechtensteiner Steueraffäre" kommt das eigennützige Verhalten der Steuersünder zum Ausdruck. In dem Entscheidungsprozess des Steuerzahlers zeichnen sich rationale wie auch emotionale Faktoren des Verhaltens ab. Die Entscheidungsfaktoren unterliegen individuellen Verhältnissen, die eine eindeutige Erklärung über *das* Verhalten und *den* Steuerhinterzieher verschließen. Neben Faktoren wie der Chance zur Steuerhinterziehung oder Abschreckung vor dieser, herrscht die Steuermoral. Der Ökonom *Schmölders* analysierte als einer der Ersten das Phänomen der Steuermoral und verdeutlichte ihre Relevanz. Neuere Arbeiten stammen vor allem aus dem Bereich der Wirtschaftspsychologie. Jedoch verdeutlichen sie in ihrem Kern das, was bereits *Schmölders* dokumentierte. Und zwar, dass die Wirkung einer positiven Steuermoral auf das Verhalten der Steuerzahler nicht unterschätzt werden sollte.

Die Vielzahl empirischer Arbeiten weist ein heterogenes Bild über die Steuermoral oder die Einflussfaktoren auf das Verhalten der Steuerzahler auf. Die statistischen Schätzungen sind stets mit kritischer Distanz im Hinblick auf die benutzten Indikatoren und Methoden zu betrachten. Obendrein wird Steuermoral in verschiedenen Studien unterschiedlich definiert und es gibt keine eindeutige Aussage darüber, wie stark ihr Einfluss tatsächlich ist.

Indessen besteht die Problematik der Steuermoral in der Einstellung zur Steuerhinterziehung als Kavaliersdelikt und darin, dass die komplizierten Steuergesetze dieses Verhalten legitimieren. Viele Studien fordern als Ergebnis eine Reduzierung der Komplexität des Steuersystems. Zu berücksichtigen ist jedoch auch, dass ebenfalls die Seite der Steuerzahler bereit sein muss für eine Steuerreform, d.h. bei Beharren auf Steuerprivilegien kann ein Reformprozess nicht entstehen. Des Weiteren sollte Steuerhinterziehung als nicht tolerierbares Verhalten behandelt werden. Denn der ehrliche Steuerzahler darf nicht als der „Dumme" dastehen.

Wirtschaftspolitische Erkenntnisse lassen sich aus den Einflussfaktoren der Steuermoral ableiten. Das einfache Drehen an der „Steuerschraube" kann die Steuermoral nicht alleine beeinflussen. Vielmehr muss die fundamentale Bedeutung des Zahlens von Steuern als kollektiver Beitrag in den Vordergrund gestellt werden. Die Finanzverwaltung kann dabei als Gegner oder kooperativer Partner wahrgenommen werden. Über ein integeres Besteuerungsklima, das eine gerechte und transparente Besteuerung sowie einen sinnvollen Umgang der Steuereinnahmen impliziert, kann eine positive Steuermoral generiert werden, die das Zahlen von Steuern zu einer rationalen Entscheidung werden lassen kann. Diese positive Steuermoral kann dennoch nicht das individuelle Verhalten in Form von Steuerhinterziehung vollständig ausschließen.

Für die Zukunft bleiben in der Wissenschaft weitere interessante Fragen offen. Es gilt zu klären, in wie weit gezielte Maßnahmen Einfluss auf die Steuermoral nehmen und in welcher Form Steuerehrlichkeit honoriert werden kann. Das Spannungsfeld der Steuermoral gilt es immer wieder empirisch zu überprüfen und zu erläutern. Des Weiteren könnte eine unabhängige empirische Untersuchung der deutschen Finanzverwaltung Aufschluss über das Besteuerungsklima in Deutschland geben. Bisherige Versuche sind bedauerlicherweise gescheitert[233]. Den Ansatz des Slippery-Slope-Modells gilt es daraufhin zu untersuchen, wie viel Macht und wie viel Vertrauen eine positive Steuermoral benötigt.

Im Ganzen hat dieses Buch aufgezeigt, dass durch eine wirtschaftspsychologische Betrachtung der Steuermoral Synergieeffekte entstehen können, denen sich keine der Disziplinen verschließen sollte.

---

[233] Vgl. *Schöbel* (2008), S. 293 f.

Literaturverzeichnis

Allingham, M.G. / Sandmo, A. (1972): Income tax evasion: A theoretical analysis, in: *Journal of Public Economics*, Vol. 1, S. 323 – 338.

Alm, J. / McCelland, G.H. / Schulze, W.D. (1992): Why do people pay taxes?, in: *Journal of Public Economics*, Vol. 48, S. 21 – 38.

Alm, J. / Torgler, B. (2006): Culture differences and tax morale in the United States and in Europe, in: *Journal of Economic Psychology*, Vol. 27, S. 224 – 246.

Andreoni, J. / Erard, B. / Feinstein, J. (1998): Tax Compliance, in: *Journal of Economic Literature*, Vol. XXXVI, S. 818 - 860.

Baldry, J.C. (1986): Tax Evasion is not a Gamble, in: *Economics Letters*, Vol. 22, S. 333 – 335.

Becker, G. S. (1968): Crime and Punishment: An Economic Approach, in: *Journal of Political Economy*, Vol. 76, S. 169 – 217.

Beckmann, K. (2003): Steuerhinterziehung – Individuelle Entscheidung und Finanzpolitische Konsequenzen, Tübingen.

Bizer, K. (2008): Steuervereinfachung und Steuerhinterziehung – Eine experimentelle Analyse zur Begründung von Steuereinfachheit, Finanzwissenschaftliche Forschungsarbeiten, Bd. 74, Berlin.

Bizer, K. / Lange, J. (2004): Wie erhöht man die Steuermoral? – Ein Überblick, in: Bizer, K. / Falk, A. / Lange, J. (Hrsg.): Am Staat vorbei – Transparenz, Fairness und Partizipation kontra Steuerhinterziehung, Finanzwissenschaftliche Forschungsarbeiten, Bd. 73, Berlin, S. 7 – 14.

Bizer, K. / Falk, A. / Lange, J. (2004): Am Staat vorbei – Transparenz, Fairness und Partizipation kontra Steuerhinterziehung, Finanzwissenschaftliche Forschungsarbeiten, Bd. 73, Berlin.

Blankart, C.B. (2008a): Öffentliche Finanzen in der Demokratie – Einführung in die Finanzwissenschaft, 7. Aufl., München.

Blankart, C.B. (2008b): Wege zu mehr Steuerehrlichkeit, in: *Jahrbuch für die Ordnung von Wirtschaft und Gesellschaft (ORDO)*, Bd. 59, S. 63- 89.

Brehm, J.S. (1966): Theory of Psychological Reactance, New York.

Bund der Steuerzahler (2008, Hrsg.): Die öffentliche Verschwendung, Bd. 36, Berlin.

Bundesministerium der Finanzen (2005): Gesetz zur Förderung der Steuerehrlichkeit: Bilanz der „Steueramnestie", Monatsbericht des BMF, September 2005, S. 41 - 43.

Bundesministerium der Finanzen (2008): Ergebnisse der Steuerfahndung in den Jahren 2005 bis 2007, Monatsbericht des BMF, August 2008, S. 61 - 65.

Bundesministerium der Finanzen (2009): Steuereinnahmen nach Steuerarten 2006 – 2008, Online im Internet unter der URL: http://www.bundesfinanzministerium.de/nn_4158/DE/BMF__Startseite/Service/Downloads/Abt__I/0602221a6009__Steuerarten__2006_E2_80_932008,templateId=raw,property=publicationFile.pdf [Abruf: 05.07.2009].

Elffers, H. (2000): But taxpayers do cooperate!, in: Van Vugt, M. et al. (Hrsg.): Cooperation in Modern Society – Promoting the welfare of communities, states and organizations, London/New York, S. 184 – 194.

Feld, L.P. / Frey, B.S. (2002): Trust breeds Trust: How Taxpayers are Treated, in: *Economics of Governance*, Bd. 3, S. 87 – 99.

Feld, L.P. / Frey, B.S. (2007): Tax Compliance as the Result of a Psychological Tax Contract: The Role of Incentives and Responsive Regulation, in: *Law & Policy*, Vol. 29, S. 102 – 120.

FORES - Forschungsstelle für empirische Sozialökonomik e.V. (2009): Steuermentalität und Steuermoral in Deutschland 2008, Forschungsbericht über eine Studie im Auftrag des Bund der Steuerzahler Nordrhein-Westfalen e.V., [Unveröffentlichter Forschungsbericht], Köln.

Franzen, W. (2008a): Was wissen wir über Steuerhinterziehung? Teil 1: Theoretische Erklärungsansätze für eine weitverbreitete Ausnahme von der Regel, in: *Neue Kriminalpolitik*, Bd. 2, S. 72 – 79.

Franzen, W. (2008b): Was wissen wir über Steuerhinterziehung? Teil 2: Empirische Forschung – außer Spesen nichts gewesen?, in: *Neue Kriminalpolitik*, Bd. 3, S. 94 – 101.

Frey, B.S. (1997): Markt und Motivation – Wie ökonomische Anreize die (Arbeits-)Moral verdrängen, München.

Frey, B.S. (2004): Politische Partizipation und Steuermoral, in: Bizer, K. / Falk, A. / Lange, J. (Hrsg.): Am Staat vorbei – Transparenz, Fairness und Partizipation kontra Steuerhinterziehung, Finanzwissenschaftliche Forschungsarbeiten, Bd. 73, Berlin, S. 47 – 58.

Frey, B.S. / Osterloh, M. (2002): Managing Motivation – Wie Sie die neue Motivationsforschung für Ihr Unternehmen nutzen können, 2. Aufl., Wiesbaden.

Frey, B.S. / Osterloh, M. (2002): Motivation - der zwiespältige Produktionsfaktor, in: Frey, B.S. / Osterloh, M. (Hrsg.): Managing Motivation – Wie Sie die neue Motivationsforschung für Ihr Unternehmen nutzen können, 2. Aufl., Wiesbaden, S. 19 – 42.

Frey, B.S. / Pommerehne, W.W. (1982): Measuring the Hidden Economy: Though This Be Madness, There Is Method in It, in: Tanzi, V. (Hrsg.): The Underground Economy in the United States and Abroad, Lexington/ Massachusetts/Toronto, S. 3 – 27.

Frey, D. / von Rosenstiel, L. (2007): Wirtschaftspsychologie - Enzyklopädie der Psychologie, Themenbereich D: Praxisgebiete, Serie III: Wirtschafts-, Organisations- und Arbeitspsychologie, Bd. 6, Göttingen et al.

Frey, R.L. / Torgler, B. (2002): Entwicklung und Stand der Steuermoralforschung, in: *Wirtschaftswissenschaftliches Studium (WiSt)*, Heft 3, S. 130 – 135.

Friedrich-Ebert-Stiftung (2003): Volkssport Steuerhinterziehung? Für mehr Steuerehrlichkeit und Steuergerechtigkeit, Wirtschafts- und Sozialpolitisches Forschungs- und Beratungszentrum der Friedrich-Ebert-Stiftung, Abt. Wirtschaftpolitik, Wirtschaftpolitische Diskurse Nr. 153, Bonn, Online im Internet unter URL:
http://library.fes.de/pdf-files/fo-wirtschaft/01842.pdf [Abruf:05.07.2009].

Güth, W. / Levati, V. / Sausgruber, R. (2005): Tax morale and (de-) centralization: An experimental study, in: *Public Choice*, Vol. 125, S. 177 – 188.

Heiner, R.A. (1983): The Origin of Predictable Behavior, in: *American Economic Review*, Vol. 73, No. 4, S. 560 – 595.

Homburg, S. (2007): Allgemeine Steuerlehre, 5. Aufl., München.

Kahneman, D. / Tversky, A. (1979): Prospect Theory: An Analysis of Decision under Risk, in: *Econometrica*, Bd. 47, S. 263 – 291.

Kirchgässner, G. (1991): Homo oeconomicus – Das ökonomische Modell individuellen Verhaltens und seine Anwendung in den Wirtschafts- und Sozialwissenschaften, Tübingen.

Kirchgässner, G. (1999): Schattenwirtschaft und Moral: Anmerkungen aus ökonomischer Perspektive, in: Lamnek, S. / Luedtke, J. (Hrsg.): Der Sozialstaat zwischen "Markt" und "Hedonismus"?, Opladen, S. 425 – 445.

Kirchgässner, G. (2003): Moralische Aspekte der Besteuerung, in: Rose, M. (Hrsg.): Integriertes Steuer- und Sozialsystem, Heidelberg, S. 215 – 241.

Kirchgässner, G. (2007): Direkte Demokratie, Steuermoral und Steuerhinterziehung: Erfahrungen aus der Schweiz, in: *Perspektiven der Wirtschaftspolitik*, Bd. 8, S. 38 – 64.

Kirchler, E. (1995): Wirtschaftspsychologie – Grundlagen und Anwendungsfelder der ökonomischen Psychologie, Göttingen et al.

Kirchler, E. (2007): The Economic Psychology of Tax Behaviour, Cambridge.

Kirchler, E. / Maciejovsky, B. (2001): Tax Compliance within the context of gain and loss situations, expected and current asset position, and profession, in: *Journal of Economic Psychology*, Vol. 22, S. 173 – 194.

Kirchler, E. / Maciejovsky, B. (2007): Steuermoral und Steuerhinterziehung, in: Frey, D. / von Rosenstiel, L. (Hrsg.): Enzyklopädie der Psychologie – Wirtschaftspsychologie, Göttingen et al., S. 203 - 234.

Kirchler, E. / Pitters, J. (2007): Kontraproduktives Verhalten durch Schädigung öffentlicher Güter, in: Moser, K. (Hrsg.): Wirtschaftspsychologie, Heidelberg, S. 357 – 374.

Körner, M. / Strotmann, H. (2006): Steuermoral – Das Spannungsfeld von Freiwilligkeit der Steuerzahlung und Regelverstoß durch Steuerhinterziehung, IAW-Forschungsberichte Nr. 64, Tübingen.

Lamnek, S. / Luedtke, J. (1999): Der Sozialstaat zwischen "Markt" und "Hedonismus"?, Opladen.

Mackscheidt, K. (1994): Die Entwicklung der Kölner Schule der Finanzpsychologie, in: Smekal, C. / Theurl, E. (Hrsg.): Stand und Entwicklung der Finanzpsychologie, Clemens-August Andreae zum Gedenken, Baden-Baden, S. 41 - 62.

Mackscheidt, K. (2004): Die Entwicklung der Steuermoralforschung, in: Bizer, K. / Falk, A. / Lange, J. (Hrsg.): Am Staat vorbei – Transparenz, Fairness und Partizipation kontra Steuerhinterziehung, Finanzwissenschaftliche Forschungsarbeiten, Bd. 73, Berlin, S. 15 – 28.

McBarnet, D. (2001): When compliance is not the solution but the problem: From changes in law to changes in attitude, Working Paper No. 18, Centre for Tax System Integrity - Australian National University, Online im Internet unter URL:

http://ctsi.anu.edu.au/publications/WP/18.pdf [Abruf:05.07.2009].

Moser, H. (1994): Zur Kritik der Sprache von Gesetzen – Anmerkungen eines Sprachwissenschaftlers, in: Smekal, C. / Theurl, E. (Hrsg.): Stand und Entwicklung der Finanzpsychologie, Clemens-August Andreae zum Gedenken, Baden-Baden, S. 171 - 184.

Moser, K. (2007): Wirtschaftspsychologie, Heidelberg.

Ortmanns, W. / Albert, A. (2008): Entscheidungs- und Spieltheorie – Eine anwendungsbezogene Einführung, Sternenfels.

Pelzmann, L. (2000): Wirtschaftspsychologie – Behavioral Economics, Behavioral Finance, Arbeitswelt, 3. Aufl., Wien/New York.

Pommerehne, W.W. (1985): Was wissen wir eigentlich über Steuerhinterziehung?, in: *Rivista Internazionale di Scienze Economiche e Commerciali*, Bd. 32., S. 1155 – 1186, [zit. n. *Schöbel* (2008)].

Pommerehne, W.W. / Weck-Hannemann, H. (1996): Tax rates, tax administrations and income tax evasion in Switzerland, in: *Public Choice*, Vol. 88, S. 161 – 170.

Prinz, A. (2004): Steuermoral und Religiosität in Ost- und Westdeutschland, in: *Schmollers Jahrbuch*, Bd. 124, Heft 4, S. 511 – 537.

Reding, K. / Müller, W. (1999): Einführung in die Allgemeine Steuerlehre, München.

Riahi-Belkaoui, A. (2004): Relationship between tax compliance internationally and selected determinants of tax morale, in: *Journal of International Accounting, Auditing and Taxation*, Vol. 13, S. 135 – 143.

Roberts, M.L. / Hite, P.A. / Bradley, C.F. (1994): Understanding Attitudes Toward Progressive Taxation, in: *Public Opinion Quarterly*, Vol. 58, S. 165 – 190.

Rose, M. (2003): Integriertes Steuer- und Sozialsystem, Heidelberg.

Schaltegger, C.A. / Schaltegger, S.C. (2004): Perspektiven der Wirtschaftspolitik, Festschrift zum 65. Geburtstag von Prof. Dr. René L. Frey, Zürich.

Schmidtchen, D. (1994): Vom nichtmarginalen Charakter der Steuermoral, in: Smekal, C. / Theurl, E. (Hrsg.): Stand und Entwicklung der Finanzpsychologie, Clemens-August Andreae zum Gedenken, Baden-Baden, S. 185 – 209.

Schmölders, G. (1960): Das Irrationale in der öffentlichen Finanzwirtschaft – Probleme der Finanzpsychologie, Hamburg.

Schmölders, G. (1970): Finanzpolitik, 3. Aufl., Berlin/Heidelberg/New York.

Schmölders, G. (1975): Einführung in die Geld- und Finanzpsychologie, Darmstadt.

Schmölders, G. (1982): Psychologie des Geldes, München.

Schmölders, G: / Hansmeyer, K.-H. (1980): Allgemeine Steuerlehre, 5. Aufl., Berlin.

Schneider, F. / Torgler, B. / Schaltegger, C.A. (2008): Kompaktwissen Schattenwirtschaft und Steuermoral, Zürich/Chur.

Schöbel, E. (2008): Steuerehrlichkeit – Eine politisch-ökonomische und zugleich finanzsoziologische Analyse der Einkommensteuerrechtsanwendung und –befolgung in Deutschland, Frankfurt am Main.

Seidl, C. / Jickeli, J. (2006): Steuern und soziale Sicherung in Deutschland – Reformvorschläge und deren finanzielle Auswirkungen, Heidelberg.

Seidl, C. / Traub, S. (2001): Taxpayers' Attitudes, Behavior, and Perception of Fairness, in: *Pacific Economic Review*, Vol. 6, S. 255 – 267.

Slemrod, J.B. (1992): Why people pay taxes: Tax compliance and enforcement, Ann Arbor.

Smekal, C. / Theurl, E. (1994): Stand und Entwicklung der Finanzpsychologie, Clemens-August Andreae zum Gedenken, Baden-Baden.

Spicer, M.W. / Lundstedt, S.B. (1976): Understanding Tax Evasion, in: *Public Finance*, Vol. 31, S. 295 – 305, [zit. n. *Kirchler/Maciejovsky* (2007)].

Statistisches Bundesamt (2009): Bruttoinlandsprodukt 2008 für Deutschland – Begleitmaterial zur Pressekonferenz am 14. Januar 2009 in Frankfurt am Main, Wiesbaden, Online im Internet unter URL: http://www.destatis.de/jetspeed/portal/cms/Sites/destatis/Internet/DE/Presse/pk/2009/BIP2008/Pressebroschuere__BIP2008,property=file.pdf [Abruf: 05.07.2009].

Take, M. (2006): Politik als Wissenschaft, Festschrift für Wilfried Röhrich zum 70. Geburtstag, Berlin.

Take, M. (2006): Steuergerechtigkeit und Steuermoral, in: Take, M. (Hrsg.): Politik als Wissenschaft, Festschrift für Wilfried Röhrich zum 70. Geburtstag, Berlin, S. 379 – 404.

Tanzi, V. (1982): The Underground Economy in the United States and Abroad, Lexington/Massachusetts/Toronto.

Tipke, K. / Lang, J. (2008): Steuerrecht, 19. Aufl., Köln.

Torgler, B. (2004): Wirtschaftspolitische Erkenntnisse aus der Steuermoralforschung, in: Schaltegger, C.A. / Schaltegger, S.C. (Hrsg.): Perspektiven der Wirtschaftspolitik, Festschrift zum 65. Geburtstag von Prof. Dr. René L. Frey, Zürich, S. 165 – 176.

Torgler, B. (2006): The importance of faith: Tax morale and religiosity, in: *Journal of Economic Behavior & Organization*, Vol. 61, S. 81 – 109.

Torgler, B. (2008): What Do We Know about Tax Fraud? An Overview of Recent Developments, in: *Social Research*, Vol. 75, No. 4, S. 1239 – 1270.

Torgler, B. / Schneider, F. (2009): The impact of tax morale and institutional quality on the shadow economy, in: *Journal of Economic Psychology*, Vol. 30, S. 228 – 245.

Traub, S. (2006): Steuerreformkonzepte im Überblick, in: Seidl, C. / Jickeli, J. (Hrsg.): Steuern und soziale Sicherung in Deutschland – Reformvorschläge und deren finanzielle Auswirkungen, Heidelberg, S. 3 – 25.

Van Vugt, M. / et al. (2000): Cooperation in Modern Society – Promoting the welfare of communities, states and organizations, London/New York.

Walster, E. / Walster, G.W. / Berscheid, E. (1978): Equity: Theory and research, Boston.

Wärneryd, K.-E. / Walerud, B. (1982): Taxes and economic behavior: Some interview data on tax evasion in Sweden, in: *Journal of Economic Psychology*, Vol. 2, S. 187 – 211.

Weck, H. (1983): Schattenwirtschaft: eine Möglichkeit zur Einschränkung der öffentlichen Verwaltung? Eine ökonomische Analyse, Finanzwissenschaftliche Schriften, Bd. 22, Frankfurt am Main/Bern/New York.

Weigel, R.H. / Hessing, D.J. / Elffers, H. (1987): Tax Evasion Research: A Critical Appraisal and Theoretical Model, in: *Journal of Economic Psychology*, Vol. 8, S. 215 – 235.

Wiswede, G. (1995): Einführung in die Wirtschaftspsychologie, 2. Aufl., München/Basel.

Witte, E.H. / Mölders, C. (2007): Einkommensteuergesetz: Begründung der vorhandenen Ausnahmetatbestände ethisch bedenklich, in: *Wirtschaftspsychologie*, Heft 3, S. 65 – 81.